EDUCAÇÃO CONSCIENTE

CRIANDO COM EMPATIA

VOL. II

COORDENAÇÃO EDITORIAL

MARIANA LIMA E

REJANE VILLAS BOAS TAVARES CORRÊA

EDUCAÇÃO CONSCIENTE

CRIANDO COM EMPATIA

VOL. II

Literare Books
INTERNATIONAL
BRASIL · EUROPA · USA · JAPÃO

PRESIDENTE DO CONSELHO
Maurício Sita

PRESIDENTE
Alessandra Ksenhuck

VICE-PRESIDENTES
Cláudia Pires
Julyana Rosa

DIRETORA DE PROJETOS
Gleide Santos

CONSULTORA DE PROJETOS
Daiane Almeida

COORDENAÇÃO EDITORIAL
Amanda Moura

EDITORES
Anselmo Teixeira de Vasconcelos e Enrico Giglio de Oliveira

ASSISTENTES EDITORIAIS
Júlia Almeida e Lui Navarro

REVISORES
Daniela Braz e Renata Siqueira

CAPA E DESIGN EDITORIAL
Lucas Yamauchi

FOTO DE CAPA
William Fortunato (Pexels)

DIAGRAMAÇÃO
Ana Paula Nunes Medeiros

IMPRESSÃO
Printi

Dados Internacionais de Catalogação na Publicação (CIP)
(Câmara Brasileira do Livro, SP, Brasil)

Educação consciente : criando com empatia : vol. II / coordenação Mariana Lima, Rejane Villas Boas Tavares Côrrea. -- São Paulo : Literare Books International, 2024.

ISBN 978-65-5922-991-8

1. Educação - Aspectos psicológicos 2. Educação - Aspectos sociais 3. Empatia 4. Família 5. Filhos - Criação 6. Pais e filhos - Relacionamento 7. Vida familiar I. Lima, Mariana. II. Côrrea, Rejane Villas Boas Tavares.

24-233554 CDD-649.1

Índices para catálogo sistemático:

1. Educação de filhos : Educação familiar 649.1

Eliete Marques da Silva - Bibliotecária - CRB-8/9380

LITERARE BOOKS INTERNATIONAL LTDA.

Alameda dos Guatás, 102
Vila da Saúde — São Paulo, SP. CEP 04053-040
+55 11 2659-0968 | www.literarebooks.com.br
contato@literarebooks.com.br

MISTO
Papel | Apoiando o manejo florestal responsável
FSC® C196274

SUMÁRIO

PREFÁCIO

Vivemos tempos difíceis para a maternidade. O excesso de informações na internet torna o processo de ser mãe confuso e desafiador. Este livro surge como um guia, proporcionando um panorama abrangente sobre a vivência do parto, os dificuldades do puerpério, o desenvolvimento infantil, a importância da rede de apoio, o olhar para a parentalidade e suas complexidades, como também reflexões sobre alinhamento familiar, autocuidado e outros obstáculos resultantes da divergência de gerações.

Estamos diante de um universo que se expande em cada capítulo, explorando desde a importância da amamentação com atenção plena até a necessidade de uma rede de apoio que sustente a saúde mental das mães. Por meio de experiências vividas e embasadas em ciência, os textos nos convidam a refletir sobre o impacto que um grupo de mães pode ter na saúde emocional da família, destacando a importância de compreender as divergências dos estilos parentais e suas possibilidades de correlação consciente como um espaço de acolhimento e aceitação.

Nesse percurso, abordamos o cuidado com a mãe, a comunicação entre pais e filhos e a importância do alinhamento parental na educação positiva. Cada tópico é uma peça essencial no quebra-cabeça da parentalidade, em que o autocuidado e o autoconhecimento se tornam fundamentais para que possamos transbordar amor e atenção aos nossos filhos.

A jornada não se limita à infância, mas adentra também a adolescência, abordando questões como bullying, autolesão, prevenção do abuso sexual e como cuidar de uma comunicação consciente, promovendo educação sustentável. Compreender essas dinâmicas é crucial para construirmos um futuro mais saudável e acolhedor para nossas crianças.

Este livro é um convite à reflexão e à ação. Que cada página inspire e fortaleça a conexão entre mães, pais e filhos, proporcionando uma educação que valoriza o amor, a autonomia, o limite e o respeito! Que possamos, juntos, transformar desafios em oportunidades de crescimento e aprendizado, sempre com a certeza de que cuidar de nós mesmos é o primeiro passo para cuidarmos do outro!

Iara Luisa Mastine
Psicóloga e neuropsicóloga infantojuvenil
CRP 06/79032

01

AUTONOMIA E PROTAGONISMO DA MULHER NO PARTO E NASCIMENTO

No Brasil, o cenário do parto e nascimento tem passado por uma significativa transformação nas últimas décadas. O movimento pelo protagonismo e autonomia da mulher durante esse momento tão importante da vida tem ganhado força, e os números refletem essas mudanças. Vamos explorar essa jornada com uma pitada de leveza e bom humor, para entender melhor como as mulheres estão tomando as rédeas de seus partos.

LENA BEZERRA

Lena Bezerra

É doula e educadora perinatal desde 2012. Fez sua primeira formação no GAMA-SP. Atuou em partos hospitalares e domiciliares. Foi doula comunitária por três anos em dois hospitais públicos. Acredita no parto como um evento natural e fisiológico. Entende que a preparação para viver a experiência de parto e nascimento transcende o conhecimento racional e cognitivo apenas, por isso incentiva suas douladas a participarem de grupos de gestantes e puérperas, além de alinhar seu trabalho ao de outras profissionais que atuam com aromaterapia, hipnoterapia, acupuntura, psicoterapia, fisioterapia e consultoria em amamentação. É capixaba, mãe de três e avó de uma menina e um menino. Foi professora de inglês por 31 anos. Tem 62 anos. Morou em Minas Gerais por 39 anos. Neste ano, mudou-se para Caraíva, Porto Seguro, BA.

Contatos
lenaborgo@hotmail.com
Instagram: @lena.bezerra
Facebook: Lena Rubia Borgo Bezerra
Doula Lena Bezerra
31 99209 9214

O cenário atual

Historicamente, o parto no Brasil passou por uma medicalização intensa, em especial a partir da segunda metade do século XX. Essa tendência resultou em altas taxas de cesarianas, que em 2019, por exemplo, representaram 55,9% dos nascimentos no país, de acordo com dados da Organização Mundial da Saúde (OMS). Esse número é alarmante quando comparado à recomendação da OMS, que sugere que apenas 10 a 15% dos partos necessitariam de uma cesariana.

Porém, nos últimos anos, um movimento contrário tem ganhado força: o de humanização do parto. A humanização do parto defende que a mulher deve ser a protagonista desse momento, com autonomia para escolher como e onde quer dar à luz, respeitando suas vontades e individualidades. Porém, como chegamos até aqui?

A revolução da humanização

O movimento pela humanização do parto no Brasil começou a ganhar força na década de 1980, com profissionais de saúde, ativistas e organizações não governamentais se unindo para questionar práticas obsoletas e muitas vezes desrespeitosas no cuidado obstétrico. Em 2011, o Ministério da Saúde lançou a Rede Cegonha, um programa nacional que promove o parto humanizado e visa melhorar a qualidade do atendimento às gestantes e recém-nascidos.

Um dos pilares da humanização é o respeito à escolha da mulher. Isso inclui desde a posição que deseja adotar durante o parto até a presença de um acompanhante de sua escolha. Estatísticas do Ministério da Saúde mostram que, entre 2011 e 2018, houve um aumento significativo no número de partos normais (ou vaginais), indicando uma mudança na direção de práticas mais naturais e menos intervencionistas.

Números que inspiram

Segundo o Sistema de Informações sobre Nascidos Vivos (Sinasc), em 2018, cerca de 43,6% dos partos no Brasil foram normais. Esse número, embora ainda menor que a metade, mostra um crescimento em relação aos anos anteriores. A mudança não acontece da noite para o dia, mas a tendência é positiva.

Além disso, a presença de doulas durante o parto tem se tornado cada vez mais comum. Estudos indicam que a presença dessas profissionais pode reduzir em até 39% a necessidade de cesarianas, 15% a duração do trabalho de parto e 10% o uso de analgésicos, segundo a pesquisa publicada na revista *Cochrane Database of Systematic Reviews*. As doulas oferecem suporte emocional e físico, ajudando as mulheres a se sentirem mais seguras e confortáveis durante o parto.

Protagonismo feminino: relatos inspiradores

Histórias de mulheres que optaram por partos domiciliares ou em casas de parto também são cada vez mais comuns. A supermodelo Gisele Bündchen, por exemplo, é uma das defensoras do parto natural e teve seus filhos em casa, compartilhando suas experiências para inspirar outras mulheres. Esses relatos mostram que, quando bem-informadas e assistidas, as mulheres podem fazer escolhas seguras e empoderadoras.

Desafios e perspectivas

Apesar dos avanços, ainda há muitos desafios a serem superados. A desigualdade no acesso a cuidados de saúde de qualidade é um deles. Regiões mais pobres do país ainda enfrentam dificuldades significativas, e o índice de mortalidade materna, embora tenha caído, ainda é preocupante. Em 2019, o Brasil registrou uma taxa de 55 mortes maternas por 100.000 nascidos vivos, um número que está longe da meta estabelecida pela ONU, que é de 30 mortes por 100.000 nascidos vivos até 2030.

Para continuar avançando, é essencial que políticas públicas sejam fortalecidas e que haja um compromisso contínuo com a educação das gestantes e a capacitação dos profissionais de saúde. Programas, como o Rede Cegonha, precisam ser ampliados e melhorados, garantindo que todas as mulheres, independentemente de sua localização ou condição socioeconômica, tenham acesso a um parto humanizado.

O papel das redes sociais

Em tempos de internet, as redes sociais têm desempenhado um papel crucial na disseminação de informações sobre parto humanizado e na criação de uma rede de apoio entre gestantes. Grupos no Facebook, perfis no Instagram e canais no YouTube dedicados ao tema ajudam a desmistificar o parto natural e oferecem um espaço para que as mulheres compartilhem suas experiências e tirem suas dúvidas.

O parto natural, ou normal, tem diversos benefícios tanto para os bebês quanto para a sociedade em geral. Aqui estão alguns dos principais benefícios:

Para os bebês:

1. **Desenvolvimento imunológico:**
Durante o parto natural, o bebê é exposto a bactérias benéficas presentes no canal de parto da mãe, o que ajuda a fortalecer seu sistema imunológico e pode reduzir a incidência de alergias e doenças autoimunes.

2. **Adaptação respiratória:**
O parto natural permite uma compressão torácica que ajuda a expelir fluidos dos pulmões do bebê, facilitando a respiração após o nascimento.

3. **Menor risco de complicações:**
Bebês nascidos de parto natural tendem a ter menos problemas respiratórios e uma menor taxa de mortalidade neonatal.

4. **Estímulo hormonal:**
O processo de parto libera hormônios importantes, como a ocitocina, que promovem o vínculo afetivo entre mãe e filho e estimulam o aleitamento materno.

Para a construção de um mundo mais consciente:

1. **Valorização do processo natural:**
Incentivar o parto natural pode aumentar a valorização dos processos biológicos naturais e da saúde preventiva, promovendo uma maior consciência sobre a importância do cuidado com o corpo e o meio ambiente.

2. Empoderamento feminino:
O parto natural pode ser uma experiência empoderadora para as mulheres, ajudando a construir uma sociedade que valoriza a força e a capacidade das mulheres de dar à luz de maneira natural.

3. Redução de intervenções médicas desnecessárias:
Promover o parto natural pode levar a uma menor dependência de intervenções médicas desnecessárias, como cesarianas eletivas, que podem aumentar os riscos para a mãe e para o bebê.

4. Sustentabilidade:
Menos intervenções médicas significam menor uso de recursos hospitalares e menor produção de resíduos médicos, contribuindo para práticas de saúde mais sustentáveis.

5. Educação e conscientização:
Difundir informações sobre os benefícios do parto natural pode aumentar a conscientização sobre a saúde reprodutiva e promover uma abordagem mais informada e holística à saúde materno-infantil.

Promover o parto natural envolve também garantir que as mulheres tenham acesso a informações completas e precisas, apoio adequado e ambientes seguros para dar à luz. Isso inclui treinamento para profissionais de saúde, políticas de saúde que apoiem escolhas informadas e a criação de ambientes de parto que respeitem as preferências e necessidades das mulheres. Ao fazer isso, podemos contribuir para a construção de uma sociedade mais consciente, saudável e equitativa.

O que cada gestante precisa

Conquistar a autonomia e o protagonismo no parto envolve estar bem-informada, fazer escolhas conscientes e se cercar de uma rede de apoio adequada. Aqui estão algumas dicas para alcançar isso:

1. Educação e informação

- **Pesquise e estude**: informe-se sobre o processo do parto, as opções disponíveis (parto normal, cesárea, parto humanizado etc.) e os diferentes métodos de alívio da dor.
- **Cursos de preparação para o parto**: participar de cursos pode fornecer conhecimento e habilidades práticas para lidar com o parto.

2. Escolha de profissionais

- **Equipe médica de confiança**: escolha profissionais que respeitem suas escolhas e que estejam alinhados com a sua visão de parto.
- **Doula**: considerar a contratação de uma doula pode proporcionar suporte emocional e físico durante o parto.

3. Plano de parto

- **Elabore um plano de parto**: detalhe suas preferências sobre o ambiente, intervenções médicas, posições para o parto e outras questões importantes.
- **Compartilhe o plano**: certifique-se de que sua equipe médica e acompanhante(s) conheçam e respeitem suas escolhas.

4. Rede de apoio

- **Acompanhante(s) de confiança**: tenha pessoas ao seu lado que ofereçam suporte emocional e prático.
- **Grupos de apoio**: participar de grupos de apoio pode proporcionar encorajamento e compartilhar experiências com outras gestantes.

5. Autocuidado e preparação física

- **Exercícios físicos**: mantenha-se ativa com exercícios apropriados para a gestação, como ioga ou pilates, que podem fortalecer o corpo e facilitar o parto.
- **Técnicas de relaxamento**: pratique técnicas como respiração profunda, meditação ou massagens, que podem ajudar a lidar com o estresse e a dor durante o parto.

6. Informações legais e direitos

- **Conheça seus direitos**: familiarize-se com os direitos das gestantes no contexto do sistema de saúde do seu país.
- **Advogue por si mesma**: não hesite em expressar suas necessidades e preferências à equipe médica.

7. Flexibilidade e abertura

- **Prepare-se para o imprevisível**: embora seja importante ter um plano, também esteja preparada para adaptar-se às circunstâncias que podem mudar durante o parto.

Seguindo essas orientações, você pode se sentir mais confiante e empoderada para tomar decisões informadas e assertivas durante o processo do parto, garantindo uma experiência mais positiva e alinhada com seus desejos e necessidades.

Um futuro promissor

O movimento pelo protagonismo e autonomia da mulher no parto no Brasil está em pleno crescimento, e os números mostram que estamos no caminho certo. A humanização do parto, a redução das cesarianas desnecessárias e o aumento da presença de doulas são sinais positivos de que as mulheres estão retomando o controle sobre seus corpos e suas escolhas.

Com a continuidade das políticas públicas, o engajamento dos profissionais de saúde e o apoio das redes sociais, o futuro promete ser ainda mais brilhante para as gestantes brasileiras. E as mulheres brasileiras têm mostrado, cada vez mais, que sabem exatamente o que querem quando o assunto é dar à luz.

Referências

BÜNDCHEN, G. *Lessons*: my path to a meaningful life. Nova Iorque: Penguin, 2018.

BOHREN, M. A.; HOFMEYR G. J.; SAKALA, C.; FUKUZAWA, R. K.; CUTHBERT, A. Continuous support for women during childbirth. *Cochrane Database of Systematic Reviews*, v. 7, 2017.

MINISTÉRIO DA SAÚDE. *Painel de Monitoramento da Mortalidade Materna*, 2019. Disponível em: http://plataforma.saude.gov.br/mortalidade/materna/. Acesso em: 17 out. 2024.

MINISTÉRIO DA SAÚDE. *Rede cegonha*, 2013. Disponível em: https://bvsms.saude.gov.br/bvs/folder/rede_cegonha.pdf. Acesso em: 18 out. 2024.

SECRETARIA DE VIGILÂNCIA EM SAÚDE E AMBIENTE. Sistema de Informações sobre Nascidos Vivos (Sinasc), 2018. Disponível em: https://svs.aids.gov.br/daent/cgiae/sinasc/. Acesso em: 17 out. 2024.

UNITED NATIONS. *Sustainable development goals*: 17 Goals to Transform our World. United Nations, ago. 2023. Disponível em: https://www.un.org/en/exhibits/page/sdgs-17-goals-transform-world. Acesso em: 17 out. 2024.

WORLD HEALTH ORGANIZATION. *WHO recommendations*: intrapartum care for a positive childbirth experience. Disponível em: https://www.who.int/publications/i/item/9789241550215. Acesso em: 23 out. 2024.

02

EXTEROGESTAÇÃO

O GESTAR FORA DO ÚTERO

O nascimento é a maior mudança na vida de um ser, passando do ambiente seguro do útero para um mundo novo e desconhecido. A teoria da exterogestação sugere que os primeiros três meses após o nascimento são cruciais para o desenvolvimento, e exigem cuidados semelhantes aos de uma gestação externa. É necessário dominar tudo o que acontece aqui para saber cuidar adequadamente de um bebê e estimular todo seu potencial, garantindo um início de vida saudável e seguro.

THIELI MALDANER BUDKE

Thieli Maldaner Budke

É médica pela Universidade de Passo Fundo e especialista em Pediatria pela Universidade Federal Fronteira Sul (UFFS), *campus* Hospital São Vicente de Paula. Professora de Pediatria na UFFS, contribuindo significativamente para a formação de novos profissionais. Atuando em consultório particular, atende crianças desde a vida intrauterina, nas consultas com gestantes, até a adolescência, assegurando um cuidado integral e contínuo. Nas redes sociais, tem mais de meio milhão de seguidores no perfil @drathielipediatra, em que compartilha informações valiosas sobre saúde infantil; seu trabalho on-line já foi reconhecido até pela Sociedade Brasileira de Pediatria. Além de ser membro da Academia Americana de Pediatria, é criadora dos cursos "Dia a Dia do Bebê" para pais e mães e "Conduzindo o Consultório Pediátrico" e "Formação Prática Pediátrica Moderna" para pediatras. Também tem o canal no YouTube "Dra. Thieli Pediatra" e o podcast "Pedicasthi", utilizando essas plataformas para disseminar informações valiosas sobre saúde infantil e parentalidade, impactando positivamente a vida de inúmeras famílias e reafirmando seu compromisso com a educação e o bem-estar das crianças.

Contatos
drathielipediatra.com.br
drathielipediatra@gmail.com
54 99983 8208

Imagine, você, um ambiente onde viveu sua vida toda: quentinho e sem variações de temperatura, constantemente abraçado, sempre com os mesmos sons, e molhado. Você nasceu ali, cresceu e isso é tudo o que existe para si. Porém, em algum momento – se der sorte, no dia que você estiver "pronto", mas na grande maioria das vezes, em uma hora qualquer –, você será subitamente retirado de lá.

Aqui fora, existem trocas de temperatura constantes, muitos barulhos; você perde seu abraço e sua proteção, precisa respirar, fazer a digestão de nutrientes, precisa evacuar. Toda aquela segurança e bem-estar foram trocados por novidades, mudanças, medos e inconstâncias. Esse é o nascer.

Na sua vida, você passará por inúmeras mudanças, mas nenhuma será tão significativa e grandiosa quanto o nascimento. Por muito tempo, talvez, não se tenha olhado para isso, mas sempre que queremos ter empatia com um bebê, precisamos refletir sobre o que é e como é o nascer.

Como será que o bebê se sente? Como é um pulmão entrando em contato com oxigênio pela primeira vez? Como funciona um intestino que nunca precisou ter processos digestivos? E como você gostaria de ser tocado, se nunca tivesse sido tocado antes? Será que podemos facilitar essa adaptação extrauterina?

O que os estudos têm nos mostrado é que o bebê definitivamente não nasce pronto. Depois que nasce, precisa de um tempo adicional de desenvolvimento, principalmente em termos de habilidades motoras e neurodesenvolvimento. Nesse contexto, a teoria que mais ganhou destaque é a teoria de exterogestação, popularizada por Ashley Montagu, em seu livro *Touching: the human significance of the skin* (1971). Ele sugere que o bebê necessita de mais tempo de desenvolvimento, de modo similar a uma gestação externa ao útero.

Isso também se reforça quando nos comparamos a outras espécies. Praticamente todas já nascem com habilidades motoras e sensoriais mais desenvolvidas. Por exemplo, um potro, filhote de cavalo, consegue ficar em pé e andar algumas horas após o nascimento, enquanto um bebê humano levará meses para desenvolver essas habilidades básicas.

Segundo Montagu, é como se todos os bebês apresentassem prematuridade em relação aos outros mamíferos, e isso exige um período prolongado de cuidados intensivos e contato físico para promover um desenvolvimento adequado.

Quando pensamos em fisiologia do recém-nascidos, Prechtl (1984) também demonstra a imaturidade do sistema motor dos bebês, como no caso de precisarmos segurar a cabeça do bebê nos primeiros meses, até que desenvolva força muscular necessária para fazê-lo por conta própria.

E qual seria o motivo de isso ter acontecido? Por que nossa gestação não é mais longa?

A teoria da exterogestação explica que, conforme evoluímos como seres humanos e expandimos nossa capacidade de pensar e raciocinar, nosso cérebro ganhou mais volume e, consequentemente, nossa cabeça cresceu em perímetro cefálico. Juntamente com isso, tornamo-nos bípedes e não mais quadrúpedes, e o quadril feminino reduziu as dimensões. Ou seja: a evolução fez com que tivéssemos uma grande cabeça para um pequeno quadril, o que começou a impossibilitar o parto vaginal da nossa espécie. E como Darwin deixou bem claro na sua teoria da evolução (1859), já sabemos que sobrevive o mais adaptado. Ou seja, a natureza começou a encurtar o tempo gestacional. Portanto, sugere-se que nos primeiros meses de vida seja feita essa extensão do período gestacional, crucial para o desenvolvimento adequado do bebê.

Considerando a complexidade da espécie humana, nossas gestações poderiam durar até 12 meses. Porém, levando em consideração a passagem pelo canal de parto, a gestação humana foi encurtada para 9 meses. Ou seja, esses 3 meses que nos foram "retirados" intraútero agora precisam ser reproduzidos nesse ambiente externo, de modo que o crescimento do cérebro, que segue muito acelerado nos primeiros meses de vida, não seja prejudicado. Além disso, esse período se torna muito crítico, pois exige estímulos ambientais e interação social intensiva para promover a maturação neuronal e a formação de sinapses.

E, com base nisso, quais são as melhores recomendações visando ao bem-estar dos bebês? É exterogestá-los por aproximadamente esse mesmo período, criando práticas que os remetam ao ambiente uterino no qual estavam até então. Nesse sentido, outro nome que ganhou destaque foi o do pediatra norte-americano Harvey Karp, que criou a teoria dos 5s, um método para acalmar bebês baseado na recriação das sensações e experiências intrauterinas. O nome 5S refere-se a cinco componentes: *Swaddling* (enfaixar), *Side/Stomach position* (posição de lado/barriga para baixo), *Shushing* (chiar), *Swinging* (balançar) e *Sucking* (sucção). Segundo Karp, essas práticas ajudam a ativar o reflexo calmante dos bebês, promovendo um estado de tranquilidade que facilita o sono e reduz o choro.

Dessa forma, unindo conhecimentos das diversas fontes sobre teoria de exterogestação, além das técnicas de Harvey, diariamente, no meu consultório pediátrico, forneço as seguintes orientações aos pais e mães de recém-nascidos:

- Dê colo: seu bebê precisa sentir essa segurança constantemente. Sabe-se que bebês que mantêm mais contato físico com seus cuidadores têm mais vínculo emocional e melhor desenvolvimento motor e sensorial. Na prática, também vemos que bebês carregados com frequência tendem a chorar menos e dormir melhor, o que é benéfico tanto para o bebê quanto para os pais. O uso de *slings* ou carregadores pode auxiliar muito.
- Enfaixe ou enrole (nos primeiros dias) seu bebê de modo que ele se sinta abraçado e que tenha as mesmas contenções de movimento que ele experimentava dentro do útero. O acessório *swaddle* ajuda a impedir os movimentos bruscos dos braços e pernas que podem acordar o bebê e proporciona a sensação de conforto e segurança; assim, tendem a dormir mais tempo e ter menos episódios de choro.
- Use ruído branco com cautela: dentro da barriga, o bebê ouve constantemente o som dos batimentos cardíacos e das artérias e veias com fluxo de sangue, por isso usamos o som *sh sh sh* para acalmá-los. O útero não é um ambiente silencioso, mas com barulhos constantes e que se tornaram familiares ao bebê. Na internet, há *playlists* que possuem o nome de ruído branco e que acalmam o bebê. Qual cuidado ter? Usar por pouco tempo, em torno de 10 minutos. O som também não pode ultrapassar 50 decibéis e deve estar a 2 metros do bebê. Na dúvida, faça *shh shh shh* você mesmo.
- Embale ou balance: durante toda a gestação, a mãe caminhou e, com isso, seu bebê se sentiu embalado. Repetir os mesmos movimentos suaves também traz esse bem-estar. Não é à toa que o bebê intraútero dorme durante o dia enquanto a mãe o movimenta, e acorda à noite, quando a mãe se deita.
- Posicione seu bebê de lado ou de barriga para baixo, pois estas posições são mais familiares para ele, lembrando a postura fetal. Porém, somente acordado e com supervisão dos pais. Na hora de dormir, a posição segura é de barriga para cima, conforme orienta a Academia Americana de Pediatria, para evitar o risco de síndrome da morte súbita do lactente.
- Cuidado com o excesso de luzes nos primeiros momentos. Dentro do útero, tínhamos uma escuridão. E aproveito para recordar, quando você dorme em torno de 8 horas e alguém acende uma luz forte, não é nada agradável. Imagina se toda a sua vida (até então) tivesse acontecido no escuro? Nos centros obstétricos, para a chegada do bebê, também recomendamos que o ambiente seja de meia-luz.

- Amamente: bebês sentem bem-estar e prazer ao sugar; na amamentação, irão sugar em torno de 8 a 12 vezes ao dia, 20 a 30 minutos; e além do aspecto nutricional, auxilia na criação de vínculo e conforto. Aqui também temos uma união de fatores que geram bem-estar: sucção, colo, contato pele a pele, sentir o cheiro da mãe, o gosto do leite que já é reconhecido pelo paladar do bebê.
Além disso, a sucção é um reflexo natural que proporciona conforto. Chupar o polegar, uma chupeta ou mamar no seio pode ajudar a acalmar o bebê e reduzir o choro. A sucção não nutritiva libera endorfina e é eficaz para tranquilizar bebês e promover um estado de relaxamento.
- Faça contato pele a pele: tire sua camiseta e deixe seu recém-nascido apenas de fraldas. Coloque-o em contato direto com sua pele e largue uma coberta ou lençóis para não perder calor. Essa é uma recomendação da Organização Mundial de Saúde, com nível 1A de evidência. O tempo previsto é maior para bebês que nascem antes de 37 semanas ou com menos de 2,5 kg. Essa prática é defendida por Montagu e outros estudiosos, como Klaus e Kennell (1976), como essencial para promover o desenvolvimento neuropsicológico e emocional. Estudos demonstram que bebês que recebem contato físico contínuo apresentam melhor regulação térmica, menor nível de estresse e desenvolvimento motor mais rápido (Feldman, 2004). Nas UTIs, a prática também é feita através do método Canguru e já se observou que os bebês prematuros que a recebem têm menos complicações e maior ganho de peso. Costumo dizer que, talvez, por ser uma prática sem custo, não é tão amplamente divulgada.

Todas as atitudes mencionadas são exercícios de empatia que tornam mais fácil a adaptação do recém-nascido à vida extrauterina. Todas as pessoas envolvidas na nova dinâmica familiar merecem carinho e atenção, mas nada se compara ao ser que acabou de chegar.

Além de priorizar a recriação dessas condições adequadas ao bebê, precisamos entender que, nessa fase de crescimento exponencial do cérebro e aquisição de novas e fundamentais habilidades, exercícios adequados ao correto desenvolvimento devem ser feitos:

- Olhe para seu bebê e converse com ele: as vozes materna e paterna são reconhecidas desde as 25 semanas e é um som que traz segurança ao bebê. Além disso, a exposição a vozes e rostos humanos ajuda na formação de conexões neurais que são fundamentais para o desenvolvimento da linguagem e das habilidades sociais.
- Estimule com brinquedos com cores contrastantes para ajudar a visão do bebê.

Quanto mais exercícios de empatia conseguimos ter, mais fácil se torna recriar as condições adequadas a um recém-nascido.

Essa fase desafiadora em que gestamos o bebê fora da barriga demanda esforços constantes e se torna bastante cansativa, mas acredite, ela termina. Quando?

Por volta dos três meses de vida, você perceberá que seu filho passou por uma grande mudança: ele já se interessa muito pelo meio em que está, não quer mais ficar deitado olhando para o teto, quer ver o ambiente com atenção, concentra-se nos diversos sons e se descobre como um ser separado da mãe... Aos poucos, ele vai trocando de fase com a segurança que recebeu.

Assim, entendemos que essa etapa inicial, embora exija conhecimento e habilidades dos pais, se encerra. Porém, toda a teoria da exterogestação mostra uma perspectiva crucial sobre o desenvolvimento infantil e comprova o quanto o ambiente após o nascimento desempenha um papel vital no desenvolvimento neurofisiológico dos bebês.

Não nos faltam evidências científicas para apoiar a necessidade de cuidados intensivos, contato físico contínuo e estímulos adequados durante os primeiros meses de vida para promover o desenvolvimento saudável. Agora você também está munido de estratégias que funcionam para proporcionar o melhor desenvolvimento ao seu bebê. Acolha e estimule!

E, assim, ao transformar cada instante em um gesto de amor e dedicação, você estará não apenas criando um ser humano saudável, mas forjando uma vida repleta de confiança e amor. Esse é o verdadeiro poder de um início acolhedor: garantir que cada passo do caminho seja pavimentado com carinho e compreensão. Uma jornada que começa no nascimento e se perpetua para além da infância, marcando para sempre a essência daquilo que somos e podemos ser.

Referências

A teoria da exterogestação é apoiada por várias evidências científicas:

FELDMAN, R. Mother-infant skin-to-skin contact (kangaroo care): theoretical, clinical, and empirical aspects. *Infants & Young Children*, 2004, v. 17, n. 2, p. 145-161.

Feldman destaca os benefícios do contato pele a pele no desenvolvimento emocional e físico dos bebês.

HELDERS, P. J. M. Motor development in infants: biological foundations and environmental influences. *Developmental Medicine & Child Neurology*, 1993, v. 35, n. 8, p. 689-693.

Este estudo compara o desenvolvimento motor dos bebês humanos com o de outros mamíferos, sugerindo que os humanos nascem em um estado mais prematuro.

KARP, H. *The happiest baby on the block*: the new way to calm crying and help your newborn baby sleep longer. Nova Iorque: Bantam, 2002.

KLAUS, M. H.; KENNELL, J. H. *Maternal-infant bonding*: the impact of early separation or loss on family development. Saint Louis: Mosby, 1976.

Klaus e Kennell exploram a importância do vínculo materno-infantil no desenvolvimento saudável do bebê.

MONTAGU, A. *Touching*: the human significance of the skin. Nova Iorque: Harper & Row, 1971.

Montagu apresenta a teoria da exterogestação, enfatizando a importância do contato físico e dos cuidados intensivos nos primeiros meses de vida.

PRECHTL, H. F. R. Continuity and change in early neural development. *Archives of Disease in Childhood*, 1984. v. 59, n. 5, p. 453-456.

Prechtl descreve como o sistema motor dos bebês humanos é imaturo ao nascimento e necessita de suporte contínuo para seu desenvolvimento.

TREVARTHEN, C. Intricate developments: how infants start to know the language of emotions and objects. *Early Development and Parenting*, 2001, v. 10, n. 3, p. 221-243.

Este estudo mostra que a interação social e os estímulos ambientais são cruciais para o desenvolvimento neuronal nos primeiros meses de vida.

03

AMAMENTAÇÃO CONSCIENTE

AMAMENTAÇÃO COM ATENÇÃO PLENA

O que meditar tem a ver com maternar e amamentar? Meditar nem sempre significa sentar de pernas cruzadas, fechar os olhos e não pensar em nada. Significa focar no momento presente, sem ansiar pelo futuro ou se culpar pelo passado. Amamentar com consciência pode deixar a experiência mais relaxante e criar memórias afetivas incríveis. Neste capítulo, a autora compartilha algumas de suas experiências na amamentação e maternidade a partir do foco no momento presente e também como ser gentil consigo.

PAULA PHILIPSON

Paula Philipson

Mãe de quatro meninos lindos, incluindo os últimos dois, que são gêmeos univitelinos. A maternidade é sua paixão, assim como amamentação, meditação e mindfulness. Com base na própria jornada de amamentação, cheia de desafios e dificuldades, decidiu ajudar outras mães a superarem os obstáculos e a desfrutarem de uma experiência de amamentação positiva e gratificante. Desde 2019, trabalha como consultora de amamentação, oferecendo apoio, empatia e orientação às gestantes e puérperas. Suas experiências pessoais, amamentando seus filhos, inclusive os gêmeos, lhe proporcionaram uma compreensão profunda das dificuldades e dos momentos de conexão únicos que a amamentação pode trazer. Além disso, é farmacêutica de formação e busca capacitação profissional nos cursos da Bianca Balassiano e Amamenta Mundi e Instituto Mame Bem. Também participa ativamente de grupos de discussões de casos e grupos de estudos para se manter atualizada com as últimas evidências científicas. É formada em educação parental pela PDA (Positive Discipline Association) e tem MBA em Administração pela FGV, concluído em 2011. Acredita na importância de aproveitar o momento presente com seus bebês, olhando com curiosidade para o ato de amamentar e cultivando a autocompaixão. Ao focar na mamada presente, uma de cada vez, pôde tornar esse momento mais prazeroso e significativo. Para ela, a amamentação é mais do que apenas fornecer alimento; é uma oportunidade de conexão profunda com o bebê. Seu objetivo é aumentar a taxa de amamentação no país e no mundo, promovendo uma saúde melhor para os bebês.

Contatos
www.amamentaremdobro.com.br
Instagram: @amamentaremdobro
YouTube: Amamentar em dobro
11 98231 1858

Eu fui uma criança quietinha, fechada, introvertida (o que não quer dizer tímida).

Porém, com o exemplo dos meus pais, que são bastante ativos, fui me tornando mais simpática, extrovertida e comunicativa com o passar dos anos. Isto não aconteceu de uma maneira forçada, mas pela influência do ambiente; é o que dizem sobre epigenética (a epigenética investiga como os estímulos ambientais ativam, ou silenciam, determinados genes).

Atualmente, com quase 40 anos, em nada me pareço externamente com aquela garotinha que fui. Esses foram os benefícios do ambiente em que fui criada. Entretanto, dentro de mim, aquela garotinha quieta e introvertida ainda vive.

Assim, vivenciei conflitos internos ao longo dos anos, sempre tentando buscar alguma paz e o tema meditação me atraía. Eu pensava "Como é meditar? Como deve ser esvaziar a cabeça? Não pensar em nada? Apenas sentir?".

A minha mente, até hoje, é como a correnteza forte de um rio a muitos quilômetros por hora. Acredito que muitos se identificam com esta metáfora pela maneira como vivemos. Para mim, parecia libertador conseguir "não pensar em nada". Como seria? Será que minhas incertezas, preocupações e inseguranças sumiriam?

Tive contato com alguns artigos e vídeos de meditação falando em mantras ou em focar na respiração, mas aquilo me parecia algo muito subjetivo e eu não via como poderia me ajudar.

Foi no início de 2014 que tive a oportunidade de ir a um encontro de um grupo de meditação cristã que, apesar do nome, é um grupo ecumênico, fundado por monges beneditinos, que tem representantes no mundo todo. Por meio desse grupo e da empresa em que trabalhei, também conheci o método mindfulness, ou atenção plena, como dizemos em português. Foi esse método que segui praticando desde então, variando com o que aprendi também na meditação cristã.

Aprendi que a meditação era sobre não deixar a correnteza do rio te levar. Era sobre sentar-se à beira do rio e observar a correnteza levar pedras, peixes e folhas... como se fossem seus pensamentos. Entendi que não tem como extinguir os pensamentos enquanto estivermos vivos. Até para "pensar no vazio" precisamos "pensar", e não deixar de pensar...

Mas o que isso tem a ver com maternidade e amamentação?

É sabido que todos os pais sentem falta e se arrependem de não terem tido tanto tempo de qualidade com os filhos, queriam voltar no tempo. Se pudéssemos guardar em um potinho o cheirinho da cabecinha deles... E em outro potinho o som das vozinhas com o jeito errado e lindo de pronunciar as primeiras palavras...

Quando uma família finalmente tem um bebê a caminho, começam a planejar: listas de enxoval, estudo sobre parto, o que pode ou não pode comer na gestação...

Eu gosto de lembrar as famílias de que o parto dura apenas um dia. É claro que precisa ser uma experiência única, mas, depois do parto, a família vai passar muito mais tempo lidando com a amamentação e comportamento do bebê. Logo, não faria mais sentido focar nesses tópicos ao invés de focar TANTO no parto e de quantos *bodies* e macacões a criança precisa?

Chegamos até aqui e evoluímos como humanidade, com a compreensão de que um bebê recém-nascido precisa apenas estar próximo à mãe. Colo e peito de mãe foi basicamente o que nos trouxe até os tempos modernos.

Atualmente, contamos com a tecnologia até para lidar com a ausência ou presença materna, porém ainda lhe falta o poder de amamentar.

Como entusiasta e praticante de mindfulness, recomendo que cada fase da gestação seja bem aproveitada e curtida; cada movimento do bebê na barriga seja sentido e apreciado com muito amor e emoção. Contudo, saber o que virá depois trará mais confiança e tranquilidade para a família.

Na primeira gestação, eu estudei muito sobre parto, consegui ir a palestras e ler um pouco sobre amamentação. Mesmo assim, senti muito mais sofrimento amamentando nas primeiras semanas de vida do que em algumas horas de parto.

Amamentar era um sonho e, com a informação que eu tinha, sabia que era possível manter aleitamento exclusivo, que meu corpo era capaz.

Como atravessar essa fase de dor, de sofrimento, ao mesmo tempo que você quer ser alimento do seu bebê? Afinal, esse é um aspecto da maternidade muito idealizado.

Lembrei-me dos meus aprendizados de mindfulness e respirava fundo a cada mamada, pensava naquela mamada como única, sem me preocupar com as seguintes. Enquanto isso, buscava auxílio para melhorar a dor: consultoria, laser, pomada... Eu pensava: "Só mais essa mamada, se eu conseguir amamentar com menos sofrimento até o fim desta semana eu vou tentar prolongar até o final da próxima".

E assim eu cheguei ao quadragésimo dia de amamentação exclusiva e pareceu que uma chavinha virou; o processo começou a fluir com mais naturalidade e prazer.

Ainda assim, nos primeiros seis meses de um bebê, a mãe fica dependente dos intervalos de mamadas para conseguir realizar qualquer atividade, mesmo as básicas, como higiene pessoal, comer e dormir.

Costumo dizer que a natureza é injusta neste ponto. Nesta fase da vida dos nossos bebês que queremos tanto curtir, estamos sempre cansadas e com alta privação de sono. É que as mães das cavernas não precisavam escovar dentes, cozinhar, lavar louça... é só observar como se comportam os outros mamíferos. Mamães ficam praticamente deitadas o tempo todo, enquanto os filhotes mamam o quanto querem.

Eu aconselho as mães a tentarem, pelo menos, durante algumas mamadas do dia, deixar o celular de lado, a TV desligada e usar a amamentação como uma meditação.

A atenção plena pode ser aplicada nessas trocas. O bebê reconhece a voz da mãe desde a barriga e, nos primeiros dias, é uma das fontes de calma. Aproveite para conversar baixinho com seu bebê durante a mamada, deixá-lo sentir seu cheiro e você o dele. É uma comunhão de almas que ocorre neste momento entre mãe e bebê.

Ouvir o barulhinho que o bebê faz a cada sucção e deglutição, ver a expressão no rostinho dele relaxando a cada sugada, os olhinhos virando, as mãozinhas se abrindo, demonstrando relaxamento e saciedade.... E é claro, cheirar a cabecinha, acariciar seu corpinho sentindo sua pele macia e mãozinhas durante este momento. Que este seja o momento de encontrar a paz junto a seu filho nesta linda troca.

Como no início são muitas mamadas, podendo ser de 8 a 12 em um período de 24 horas, está tudo bem se a mãe quiser assistir televisão enquanto amamenta, ou até mexer no celular. Afinal, a sociedade atual não permite, e nem sabemos como seria, se dedicar exclusivamente ao bebê e não precisar pensar em mais nada, como contas a pagar, mercado, remédios, vacinas…

A ideia é que o bebê traga de volta a você a sua ancestralidade.

Aproveite esse momento como uma oportunidade para desacelerar um pouco a vida. É como dizemos nos dias de hoje, "*slow living*" (viver devagar).

Muitos dizem que o mantra da maternidade é "vai passar". Eu acredito que o mantra do puerpério deveria ser esta frase: "Sou gentil comigo. Gerei uma vida. Sou alimento, calor e amor para o meu bebê".

E quando o desespero de querer ter uma pausa bater, de querer ter um momento só para si, lembre-se de outro princípio do mindfulness: "Seja gentil consigo!".

Logo, se esqueceu de acordar o bebê para mamar, "sou gentil comigo..."; se esqueceu de colocar para arrotar, "sou gentil comigo..."; se ficou mais de 5 horas sem trocar a fralda, "sou gentil comigo..."; se a casa está uma bagunça e você não aguenta mais receber visitas, verbalize com gentileza, explique que você precisa de um tempo sozinha e não se sinta mal por isso. Seja gentil consigo!

Faça da amamentação uma meditação.

04

A IMPORTÂNCIA DA REDE DE APOIO

Durante as diversas fases da vida, passamos por mudanças, aprendizados, apuros, experiências boas e ruins, superações, momentos inesperados, esperados e outros vividos de forma surpreendente! A maternidade é um deles. Nós, mães, desempenhamos um papel de extrema importância em todas as fases da vida de nossos filhos. Porém necessitamos de ajuda, a qual chamaremos de rede de apoio e discorreremos neste capítulo sobre esse assunto.

YASMIN POSSATTO

Yasmin Possatto

Formada em Psicologia desde 2018. Atua no ramo de psicologia, educação parental consciente, psicoterapia, e avaliações psicológicas e neuropsicológicas. Pós-graduada em desenvolvimento infantil e neuropsicologia.

Contatos
@yasminpossatto
yaspossatto@gmail.com

Durante as diversas fases da vida, passamos por mudanças, aprendizados, apuros, experiências boas e ruins, superações, momentos inesperados, esperados e outros vividos de forma surpreendente! A maternidade é um deles: cheia de altos e baixos, novidades, descobertas... Nós, mães, desempenhamos um papel de extrema importância em todas as fases da vida de nossos filhos. Afinal de contas, somos nós quem os carregamos por tantos meses e que temos uma relação tão profunda com eles.

Mães, pais, cuidadores, responsáveis tendem a ser inesquecíveis para cada um de nós. Um dia ouvi falar que fazer filho era fácil, porém criá-lo (sugiro substituir por educá-lo) seria difícil. E, poxa, como isso é verdade! Sinto isso na pele todos os dias. Porém, não estaria hoje escrevendo para vocês se eu não pudesse reconhecer a importância dessa rede de apoio. Hoje só consigo estar aqui porque tenho o pai dele, minha mãe, minha tia, minha amiga que são as pessoas em quem posso confiar e que fazem parte da rede que construí. Como é essencial termos essa rede de apoio e cuidar da nossa saúde mental! Uma amiga, parceira, mãe, avó, tio, madrinha, padrinho... seja lá quem for! Essas pessoas fazem diferença em cada fase, e saber que terá palavras de apoio e ajuda quando você se sentir esgotado é importante.

A (sobre)carga mental é algo que nenhuma mulher está preparada para receber, mesmo com todos os conselhos e leituras. Afinal de contas, tudo o que é demais fará mal em algum momento. Por isso, algumas coisas sobre as quais vamos discorrer neste capítulo são importantes. Na verdade, eu mesma não estava preparada para receber e lidar com tantas coisas que a maternidade me trouxe, mesmo estudando tanto e sendo da área da saúde mental e desenvolvimento do ser humano, até porque algumas coisas simplesmente fogem ao nosso controle. É importante poder pedir ajuda e ter alguém disposto a ajudar. Não precisamos ficar sozinhos. Não nascemos para vivermos sozinhos. Sempre vivemos em comunidades, tribos, vilarejos... mamíferos foram feitos para viver juntos e compartilhar. Por que, nesse momento, deveríamos estar sozinhas?

Se pensarmos na história da humanidade, vemos que antes vivíamos todos juntos, próximos, na mesma cidade. E agora, com o crescimento populacional e a ascensão da mulher na profissionalização e no trabalho fora de casa, as pessoas saem de perto dos seus familiares e acabam se vendo sozinhas em outras cidades, estados e até países. Uma evolução social, mas que nos traz para mais perto da ideia de ter que cuidar mais e mais das coisas sozinhas. É importante termos isso em mente para que entendamos nossa dificuldade em ter com quem contar, mas também para termos a certeza de que, sim, precisamos dos outros para nos desenvolver e crescer.

Será que precisamos mesmo?

Durante a gravidez e no pós-parto, muitas mulheres podem ter oscilações de humor devido às alterações hormonais. Isso é fisiológico e totalmente comum. É crucial que haja uma rede de apoio composta por familiares, amigos e profissionais de saúde que possam oferecer as orientações e o suporte necessário para a mulher. Este suporte pode incluir desde conversas que proporcionam conforto emocional e esclarecimentos sobre as transformações que ocorrem neste período até a liberdade de que elas possam se expressar sobre o que estão sentindo e pensando sem serem julgadas por isso. Não é necessário ter uma formação profissional para termos uma escuta empática e acolhedora com que nos cerca!

A Organização Mundial da Saúde (OMS) define saúde mental como "[...] estado de bem-estar em que o indivíduo é consciente de suas próprias capacidades, pode lidar com o estresse normal da vida, trabalhar de maneira produtiva e contribuir para sua comunidade". Nessa fase, sabemos que nem sempre a mulher se encontra com todas essas habilidades organizadas justamente pelo que citamos acima. Gravidez não é doença! É um momento diferente em que, certamente, informação e apoio podem colaborar para mais saúde emocional e física.

Como relacionar o equilíbrio entre a saúde mental e a maternidade?

O que posso dizer por experiência: suporte emocional na rede de apoio. Ela é de fundamental importância na vida do ser humano, pois, por meio dela, podemos atravessar de forma muito mais saudável as intercorrências da vida.

A maternidade foi a experiência mais linda e doida da minha vida, porém eu não conseguiria passar por ela se não tivesse uma rede de apoio sólida.

É importante considerar a promoção do bem-estar e de ações que ajudem a mantê-lo. Entendo que, na correria do dia a dia, não podemos pensar somente em nos cuidar e sermos cuidadas. O que digo é que pequenas ações podem valer de muito abastecimento para nos ajudar na carga. Além disso, devemos desenvolver estratégias de enfrentamento e formas para lidar com situações de ansiedade e estresse. Muitas vezes nos falta repertório para isso; afinal, muito pouco sabemos e nunca vivenciamos tamanha experiência! Estar com outros que já passaram por isso, conversar e buscar adequar esse apoio à nossa realidade pode diminuir muito a carga de estresse para que não se torne uma sobrecarga.

A assistência continuada à saúde e o apoio de grupos da comunidade podem auxiliar as gestantes e as novas mães no desenvolvimento da confiança para relatarem qualquer problema de saúde mental, aquisição de resiliência e na prevenção do isolamento social. Clínicas especialistas em gestação e algumas igrejas são lugares onde geralmente encontramos esses grupos de apoio e suporte, além de grupos e páginas em redes sociais que muitas vezes são ricos de conteúdo. É claro que é muito importante ter discernimento para buscar fontes seguras e confiáveis e não acolher tudo o que vemos por aí.

O aumento da consciência do conceito de igualdade de oportunidades e de que a saúde mental requer o mesmo cuidado que a saúde física ajudará as mães a se manterem resilientes e satisfeitas. E só conseguimos isso quando compartilhamos com outros o que estamos vivendo.

Como definimos, então, a rede de apoio?

Segundo Brito e Koller (1999), rede de apoio social é um "conjunto de sistemas e de pessoas significativas que compõem os elos de relacionamento recebidos e percebidos do indivíduo". Logo, vemos que a rede de apoio é composta por relações interpessoais íntimas, ou seja, fazem parte da rede de apoio os familiares, os amigos mais próximos, profissionais da saúde, a comunidade religiosa, entre outros. As pessoas que fazem parte de uma rede de apoio são aquelas com quem é possível cultivar uma relação de confiança e intimidade, para que o indivíduo possa se expressar e pedir ajuda nos momentos de vulnerabilidade. Por intimidade, entendemos que podemos ser autênticos em nossas dores e necessidades, respeitando-nos e sendo respeitados, realizando uma troca saudável para o nosso desenvolvimento.

Não tenha medo de pedir ajuda e admitir que não dá conta de tudo sozinha. Pode ser extremamente difícil, mas é essencial reconhecermos nossos limites. E lembre-se do que já vimos anteriormente: mamíferos foram feitos para estarem juntos! É totalmente normal precisar do outro.

Vemos como o grupo familiar mudou hoje em dia e isso talvez nos leve a buscar uma rede de apoio que não seja composta por família, vizinhos, parentes, como era antigamente. Temos novas formas familiares, novas formas de viver, novos propósitos, novas condições e também novas formas de acessar uma rede, como, por exemplo, usar a internet a nosso favor. Ter a possibilidade de compartilhar vivências, ter acompanhamento psicológico, ser ouvido sobre seus próprios sentimentos e expressar emoções provenientes dessas experiências pode fazer a diferença para a saúde mental de uma rede de apoio.

Como montar uma rede de apoio nos dias de hoje?

- **Aproximar-se de amigos e familiares**: procure pessoas da sua família em que possa confiar. Converse e confie nas pessoas da sua rede. Dê preferência àquelas que estão em sintonia com os seus valores fundamentais, e isso não significa que serão iguais a você ou cuidarão do seu filho da mesma forma. Ser diferente não é ser pior, mas sim apresentar à criança diferentes visões de mundo.
- **Explicar qual é a ajuda de que você precisa**: muitas vezes as pessoas querem colaborar, mas não sabem como (especialmente familiares e amigos sem filhos). Seja clara quanto àquilo que é importante para você. Fica mais fácil para quem está perto e diminui bastante as chances de tensão e discussões.
- **Ter contato com profissionais de saúde**: é importante procurar profissionais que estejam dispostos a estarem mais próximos no acompanhamento e tentar manter o contato desses profissionais em fácil acesso para momentos de necessidade. Confiança e disponibilidade são quesitos fundamentais.
- **Abrir-se a novas amizades e buscar afinidades**: no parque, na escola, ou mesmo na sala de espera do médico de confiança, as crianças nos apresentam muitas pessoas, muitos pais e mães em situações parecidas. Dessa forma, é bem comum que novos laços de amizade se formem entre adultos nessa fase. Não precisa ser uma amizade profunda, mas alguém que esteja compartilhando do mesmo momento de vida que a gente já nos dá bastante sensação de empatia. Sempre existem grupos de ginástica ou hidroginástica para gestantes que podem ser lugares incríveis de trocas e compartilhamentos.

- **Permitir-se receber ajuda**: algumas pessoas podem ter dificuldade em pedir e receber ajuda, o que prejudica muito na formação e manutenção de uma rede de apoio. Todas as pessoas precisam de apoio, e quando se pode trocar é melhor ainda. Afinal, nascemos para viver em bando, e as trocas nas relações nos fazem crescer!
- **Entender suas responsabilidades dentro da rede de apoio**: assim como você, outras pessoas também precisam de ajuda, e é importante que você também tenha disponibilidade para oferecer apoio quando necessário. Ao mesmo tempo, deve-se tomar cuidado para não se sobrecarregar. Troca é a palavra-chave!
- **Limites**: nem sempre as pessoas estarão disponíveis para ajudar. Justamente por isso, é interessante ter uma rede de apoio em vez de alguns poucos amigos, tendo em vista que as pessoas têm suas próprias vidas, seus trabalhos e outros relacionamentos para zelar. Por conta disso, é importante prestar atenção não apenas às limitações dos outros, mas também às próprias. Ao ouvir "não" de um amigo ou familiar, é importante não levar isso para o lado pessoal e buscar apoio em outra relação. De novo, vemos a importância de essa troca ser constante, já que assim a rede cresce e as opções podem se expandir.
- **Grupos de apoio à maternidade**: uma ótima maneira de se conectar com outras mães e ver que não está sozinha. Nem todos têm os mesmos privilégios, e conversar com pessoas que estão passando pelo mesmo que você pode ajudar a encontrar estratégias que antes não eram possíveis, além de também buscar conforto em novas oportunidades.

Portanto, a rede de apoio é fundamental durante toda a vida, uma vez que ela permite que a convivência em grupo possa acontecer com afeto, amor e cuidado. Ter uma rede sólida é fundamental para a família. E, como disse Guimarães Rosa: "Viver é um rasgar-se e remendar-se", e a maternidade nada mais é que isso, você se remendar sozinho e com ajuda dos outros. Essa ajuda pode ser muito mais acessível do que pensamos.

Referências

CHERRY, K. How social support contributes to psychological health. *Verywell Mind*, Nova Iorque, 3 mar. 2023. Disponível em: https://www.verywellmind.com/social-support-for-psychological-health-4119970. Acesso em: 9 out. 2024.

JULIANO, M. C. C.; YUNES, M. A. M. Reflexões sobre rede de apoio social como mecanismo de proteção e promoção de resiliência. *Ambiente & Sociedade*, 2014, v. 17, n. 3, p. 135-154. Disponível em: https://doi.org/10.1590/S1414-753X2014000300009. Acesso em: 9 out. 2024.

MACHADO, A. *Maternidade e saúde mental*: cuidando do bem-estar das mães. [s.l.]: Edição do autor, 2023.

MANAGE stress: strengthen your support network. *American Psychological Association*, Washington, DC, 21 out. 2022. Disponível em: https://www.apa.org/topics/stress/manage-social-support. Acesso em: 9 out. 2024.

05

"ENTRELAÇOS"
A FORÇA DO GRUPO DE MULHERES

Como um grupo voltado para mães e seus bebês pode impactar a saúde mental de toda a família, trazendo mais leveza e fluidez ao maternar? No "Entrelaços", temos práticas de autocuidado e conexão mãe-filho que promovem a construção de um maternar mais consciente e autônomo. O entrelaçar das participantes vai além do momento e envolve também as profissionais que conduzem os grupos, sempre embasadas em muita ciência e acolhimento.

BRENDA GODOI

Brenda Godoi

É médica pela UFMG e pediatra pelo Hospital das Clínicas da UFMG. Tem título internacional em Amamentação IBCLC e pós-graduação em Educação Positiva. Professora no Instituto MameBem, referência em cuidado materno-infantil. Trabalhou na Unidade de Cuidados Canguru do Hospital Sofia Feldman, referência nacional em parto e pediatria humanizados. Idealizadora do Entrelaços, grupo de puérperas que acontece em Belo Horizonte/MG. É também mãe do Gael e da Aurora, que a ensinam diariamente sobre os reais desafios da maternidade.

Contatos
Instagram: @brendagodoi.pediatra
@entrelacos.bh
31 98217 6092

Depois que meu corpo foi atravessado por uma criança,
eu nunca mais fui a mesma.
Aprendi a me reconhecer no meu corpo transformado.
No cansaço das noites, a exaustão de tentar continuar sendo
quem eu já não era mais.
Foi só quando eu mergulhei nesse oceano da maternidade
que as águas e mágoas fluíram no meu corpo e nos meus pensamentos.
Mães e bebês buscam o calor do ventre.
Não sabemos quem precisa mais de colo,
não dá para dizer quem está dando colo para quem.
A mãe se sente vazia como nunca.
O bebê, com seus olhinhos curiosos,
acaba de chegar a este mundo e já nos ensina tanto.
Nos ensina a olhar verdadeiramente para o que importa,
olhar profundamente para aquilo que nunca vimos.
O caminho é intenso, mas é caminhado por tantas...
Olhando para o lado, vemos que somos, já fomos ou seremos
cada uma das mulheres que encontramos.
Caminhar junto, de mãos dadas, é alívio para todas.
O que era fardo se torna véu
e a leveza se faz presente em cada gesto e cada palavra trocada
por mulheres mães que caminham lado a lado com seus filhos.
Venha compartilhar, venha vivenciar,
venha se entrelaçar com mulheres que estão na mesma jornada que você.
Entrelaços, um lugar de encontro: mulheres, filhos e seus laços.

Dra. Brenda Godoi

O embrião do Entrelaços vem do vazio que eu vi em mim quando me tornei mãe. Com meu filho bebê em casa, diante das dificuldades que enfrentava, lembro-me de olhar para minha biblioteca de livros de pediatria, meus diplomas, e via que de nada eles me serviam. "Meu Deus, eu sou pediatra, **eu sou especialista em criança,** e não consigo ser mãe!". Comecei a elaborar que de (quase) nada adiantam as aulas e cursos sobre crianças e maternidade se não partirmos para a prática. Era muito lindo ler sobre a teoria do apego, realmente abriu minha mente e me fez ver o mundo e as pessoas de uma forma diferente. Mas nenhum livro ou curso que eu fiz me ensinou, na prática, a aprimorar o meu apego com cada um dos meus filhos. Foi então que concluí o óbvio: ficar aqui atrás dos livros me encantando com teorias não me faria uma mãe melhor. Ao mesmo tempo, eu me lembrava de tantas mães que atendi durante minha formação, muitas delas com baixíssima instrução, mas com uma habilidade parental impressionante, uma capacidade de ouvir e entender verdadeiramente seus filhos e de falar e ser verdadeiramente ouvida por eles. O que essa mulher, simples, que não leu nenhum parágrafo que a orientasse sobre como ser mãe, tinha que várias outras, que buscavam cada vez mais conhecimento sobre parentalidade, não tinham? Bom, eu ainda estou tentando encontrar a resposta ideal para essa pergunta, mas algumas respostas passam, essencialmente, pela capacidade de se entregar ao momento de estar diante de uma criança. De relaxar, de se conhecer e reconhecer seus gatilhos. Vale lembrar que um olhar ampliado sobre essa questão vai envolver também as estruturas política e social, além de uma rede de apoio coesa com os valores e referências dessa mãe. Mas, essencialmente, o que falta às mães que tanto buscam respostas para melhorar o vínculo com seus filhos é a prática. São orientações reais, vivências, de como se conectar genuinamente com a criança, de como estar verdadeiramente presente naquele momento e como se autorregular diante do filho desregulado.

Já sabemos que precisamos de uma tribo para criar uma criança. Mas onde está esta tribo? Já não a vemos mais nas praças, nas conversas entre mães, nas comunidades, nas amizades, nas primas que partilham filhos da mesma idade. Essa tribo se perdeu. Será que ela está agora nas redes sociais? Será que estes grupos são feitos de acolhimento e respeito pelas diferentes formas de maternar ou de julgamento? Eles realmente apoiam as mães ali presentes ou apenas pioram o estado mental delas?

Na literatura médica, temos amplo conhecimento sobre a efetividade de intervenções em grupo. Unimos pessoas que enfrentam os mesmos desafios e, a partir desse encontro, temos orientações profissionais e troca qualificada sobre o que estão enfrentando. Ou seja: não é uma conversa de botequim, é uma troca genuína de pessoas que buscam apoio e, ao mesmo tempo, podem apoiar outras pessoas em situação semelhante, sempre sob supervisão e orientação profissional. Se olharmos para as puérperas, embora elas não tenham uma patologia em si, estão vivendo o momento de maior vulnerabilidade emocional dos ciclos de vida de uma mulher. Partindo da informação que de 15 a 85% das mulheres podem apresentar blues puerperal e/ou depressão pós-parto e que estas condições muitas vezes são subdiagnosticadas, podemos ter puérperas em casa em estado ansioso ou depressivo que, mesmo tendo acesso a profissionais de saúde, estejam em sofrimento mental sem ter exatamente a consciência de que sofrem e por isso não sabem como pedir ajuda.

A partir daí, comecei a elaborar um grupo no qual poderíamos unir mulheres enfrentando os mesmos desafios, promover orientações técnicas e troca qualificada entre elas e, finalmente, poderíamos ensinar ferramentas que auxiliassem na autorregulação das mulheres e promovessem ou aprimorassem a capacidade e a efetividade do vínculo entre mãe e filho. Há ampla literatura médica que suporta que intervenções de grupo mãe-bebê têm potencial de melhorar sintomas depressivos e ansiosos, de reduzir estresse parental, bem como de promover a regulação do afeto e interação positiva com o bebê, proporcionando então uma melhor experiência de parentalidade em todas as fases da infância e adolescência.

O grupo Entrelaços consiste basicamente em encontros entre mulheres e seus filhos de idade aproximada, para trocarem informações sobre temas relevantes naquela faixa etária e aprenderem técnicas de autorregulação e de conexão mãe-filho, como Shantala, ioga e meditação (ou outras práticas que os profissionais ou mãe sugerirem). É lindo ver no decorrer do grupo o entrelaçar entre as mães, seus filhos e até mesmo entre as profissionais que conduzem o grupo. Cada encontro é único, pois, embora as profissionais elaborem a vivência e tragam orientações, o que acontece de fato é algo muito maior, é literalmente o entrelaçar de mulheres que estão compartilhando seus sentimentos. Eu me emociono a cada encontro porque, sem dúvida, também saio de lá transformada.

Ao longo da vivência, se formos mensurar o tempo de cada atividade, o que mais acontece é a conversa entre mulheres. Como vemos nelas essa necessidade de conversar para compensar o vazio das tardes solitárias, é muito comum o grupo finalizar e as mães não quererem sair da sala. Como consequência, recebemos muitos relatos sobre como o grupo as tocou e acessou lugares dentro delas que não estavam acessando. A transformação é tanta que gera a demanda de encontros para que os pais das crianças compareçam. Ouvimos sempre: "Nossa, meu companheiro poderia tanto estar aqui pra ouvir isso".

Temos também o encontro especial de introdução alimentar, cujo propósito é trazer uma vivência sensorial para a criança em processo de conhecimento dos alimentos e, ao mesmo tempo, empoderar a rede de apoio daquela criança sobre a importância e a naturalidade do contato com os alimentos, bem como as formas seguras de oferecer um alimento prevenindo o engasgo.

Profissionais

As profissionais atualmente envolvidas no grupo são antes de tudo mães, que viram seus caminhos tomarem outros rumos após a maternidade. É muito lindo ver a sintonia entre todas, mesmo entre aquelas que não se conheciam previamente. O grupo conta atualmente com pediatra, terapeuta ocupacional, fonoaudióloga, enfermeira, massoterapeuta, yogini, psicóloga perinatal, doula e nutricionista infantil.

Estrutura do grupo

O grupo começa com um primeiro momento de acolhimento e apresentações, que vai naturalmente se transformando no momento de discussão. É visível como as mães se animam quando percebem na fala de outra mãe que elas não estão sozinhas em suas angústias e vivências diárias. Na segunda para a terceira hora do encontro, o momento já é de troca e a condutora da roda deve saber pontuar quando observar alguma angústia na fala de alguma mãe. Este é o momento de os profissionais trazerem informações técnicas e orientações focais para temas que tenham surgido espontaneamente. Quando a condutora observar que as mães já esvaziaram a mente pela palavra, é um bom momento para as práticas do dia, as vivências que vamos ensinar para as mães poderem repetir em casa.

Por fim, sugerimos alguns minutos finais de partilha entre as mães para elas dizerem no que o grupo tocou em seus corações. É um bom momento para retomar algum assunto que tenha ficado em aberto para concluí-lo e recapitular os pontos altos do encontro.

Local

O local dos encontros deve ser arejado, muito limpo e aconchegante. O espaçamento entre bebês deve ser de pelo menos um metro, por questão de segurança sanitária. Além disso, caso algum bebê ou alguma mãe apresente sintomas gripais, recomendamos que não compareçam ao encontro, sendo automaticamente inscritas no próximo grupo.

Temas discutidos

Os temas podem ser os atrativos do encontro, anunciados previamente para direcionar às mães qual será o teor da conversa. Mas podem também surgir espontaneamente a partir da troca entre elas. Os temas mais comumente debatidos são dificuldades com sono, amamentação, desmame, desfralde, comportamentos desafiadores, chegada do segundo filho, dentre vários e infinitos temas que podem angustiar uma mãe.

Shantala

A técnica Shantala indiana tem sido reconhecida e empregada por vários grupos ao redor do mundo. A história conta que o obstetra Frédérick Leboyer, em viagem para a Índia, observou uma jovem mãe massagear o seu filho pequeno ao ar livre. Seu nome era Shantala e ela deixou o médico registrar a técnica em imagens. A massagem tradicional indiana ficou, então, conhecida no ocidente pelo nome de Shantala. Nos últimos anos, muitos estudos mostraram diversos benefícios da técnica para mãe e bebê, tanto individuais quanto para o vínculo entre eles. Para o bebê, há melhora do ganho de peso, redução de cólicas, melhora do funcionamento intestinal e regulação do sono. Para as mães, diminuição dos níveis de estresse parental, depressão e ansiedade. Os estudos descrevem a massagem como um espaço potencialmente terapêutico para a estimulação do desenvolvimento saudável em um sentido amplo – aspectos físicos e emocionais, a partir do estabelecimento de um vínculo saudável entre bebê e cuidador. Ao fazer a Shantala em seu filho, a mãe também é convidada a olhar para dentro, desacelerar e sentir verdadeiramente o seu toque.

Ioga

A ioga está há muito tempo entre as terapias complementares que mostram efeitos preventivos contra a depressão. Estudos recentes comprovam que ela desempenha um papel importante no manejo também da depressão pós-parto, com desfechos importantes, como aumento na autoeficácia do aleitamento materno e melhora no apego materno. Além dos benefícios psíquicos, a ioga pode ser uma atividade simples e fácil de praticar, que vai auxiliar essas mulheres com os desconfortos corporais (dores no corpo, postura incorreta) tão comuns e característicos do pós-parto e da amamentação.

Mindfulness

O processo de entrada na maternidade pode ser altamente estressante para as mulheres, pois neste cenário onde tudo é novo, com inúmeras demandas, a agitação psíquica encontra lugar na mente das mães. As evidências disponíveis de ensaios clínicos controlados sugerem que as intervenções baseadas em mindfulness melhoram a atenção e diminuem os sintomas de depressão em mulheres sem problemas de saúde mental pré-existentes e podem ser uma abordagem útil para prevenir ou atenuar o desenvolvimento de depressão no período perinatal. É uma prática simples, que pode ter durações variáveis, adequando-se à rotina da mãe e seu bebê.

Referências

CORBALLY, L.; WILKINSON, M. The effect of mindfulness-based interventions on stress, depression and anxiety during the perinatal period in women without pre-existing stress, depressive or anxiety disorders: a systematic review and meta-analysis of controlled trials. *Mindfulness*, v. 12, p. 2357-2370, 2021.

KOYUNCU, S.; YAYAN, E. Effect of postpartum yoga on breastfeeding self-efficacy and maternal attachment in primiparous mothers. *Breastfeeding medicine*: the official journal of the Academy of Breastfeeding Medicine, v. 17, n. 4, p. 311-317, 2022.

MESCHINO, D.; PHILIPP, D.; ISRAEL, A.; VIGOD, S. Maternal-infant mental health: postpartum group intervention. *Archives of Women's Mental Health*, v. 19, n. 2, p. 243-251, 2016.

UNDERDOWN, A.; BARLOW, J.; CHUNG, V.; STEWART-BROWN, S. Massage intervention for promoting mental and physical health in infants aged under six months. *Cochrane Database Syst Rev.*, v. 18, n. 4, 2006.

VICENTE, S.; PEREIRA, Â. Infant massage programs for newborn babies: systematic review. *Annals of Medicine*, v. 53, n. 1, 2021.

06

QUEM CUIDA DA MÃE?

Quanto se fala sobre os primeiros cuidados do bebê, sobre cursos para que a mãe aprenda a dar banho, amamentar, fazer papinhas... e tem também as lembrancinhas para as visitas ao bebê! Mas e a mãe? Alguém pergunta ou perguntou como está seu coração? Se ela tem medos? Expectativas? E depois que o bebê nasce: dores, frustrações, mais medos! Vamos falar um pouco sobre cuidados e amor para quem também precisa muito!

REJANE VILLAS BOAS
TAVARES CORRÊA

Rejane Villas Boas Tavares Corrêa

Desde o início da faculdade de Psicologia, estudar inteligência emocional foi o que a encantou pela forma sistêmica de olhar o ser humano. Especializou-se em terapia sistêmica de casais e famílias e conduziu um trabalho focado em psicologia intercultural, preparando intercambistas e familiares durante o tempo de permanência no exterior. Percebendo que alguns pacientes adoeciam nesse processo, realizou uma especialização em psicologia da saúde e psicossomática. O interesse pelo assunto cresceu e acabou realizando muitos cursos de aprofundamento em inteligência emocional. Tornou-se *practitioner* em programação neurolinguística e ministrou cursos e treinamentos em desenvolvimento humano. Hoje, reside nos EUA e atua como psicoeducadora parental com certificação internacional em Disciplina Positiva pela PDA, Educação Positiva, Parentalidade Consciente e Comunicação Não Violenta. É membro pesquisadora do grupo Prevenção ao Abuso Sexual (PAS), certificada em Psicotraumatologia, terapeuta trauma-informed e pós-graduada em Educação Parental e Inteligência emocional. Também é colaboradora na revista *Amoras Conecta* em Orlando. Coautora dos livros *Habilidades socioemocionais, Educação consciente - vol. 1*, box *Intenção de mãe, Soft skills kids, Soft skills teens*. Coordenou e escreveu os livros *Apanhei e não morri, Pais em construção* e *Educação consciente - vol. 2*.

Contatos
rejanevbtc@gmail.com
Instagram: @rejanevb_psico
LinkedIn: Rejane Villas Boas
+1 (689) 2530843

Durante muitos anos, fui uma daquelas pessoas que achava um absurdo chegar à academia e ver as mães de crianças pequenas treinando felizes. Quanto menor o filho, maior era a minha indignação e o meu julgamento.

Depois que me tornei mãe, só piorou! Quando eu conseguia ir à academia, já queria uma que tivesse espaço *kids* e achava o máximo a ideia de admitir que eu pagava mais caro, se preciso, para que minhas filhas fossem comigo! Afinal, jamais as deixaria aos cuidados de alguém para treinar! Eu ia até a academia e ficava quase duas horas para fazer três exercícios, já que toda hora ia lá para ver se estavam bem, elas me chamavam, eu não conseguia me concentrar pensando na culpa... e ia embora sem terminar o treino, irritada, mas me sentindo uma supermãe que priorizava as filhas! Oh, céus... como eu queria ter a sabedoria de hoje naquela época!

Sempre entendi que academia, salão de beleza e clínica de estética eram sinônimos de vaidade. Se eu tivesse que deixar minhas filhas com alguém, seria para trabalhar ou cuidar das coisas de casa. JAMAIS para me cuidar! Sim, letras maiúsculas porque eu tinha certeza plena e absoluta de que era a melhor mãe do mundo porque, mesmo "morta com farofa", eu estava lá junto com elas! Abria mão de qualquer coisa e batia no peito para dizer isso aos quatro cantos do mundo.

Isso durou bastante tempo, quero deixar claro. Até que uma gripe me derrubou. Eu tinha que me arrastar para levantar da cama e cuidar das meninas, já que meu marido estava viajando a trabalho. Precisei me reinventar para dar conta desse momento e, então, a grande virada de chave começou! Percebi que se eu não estivesse inteira, não conseguiria transbordar para elas. Eu estava dando o resto que me sobrava... sempre cansada e achando que "ser mãe é padecer no paraíso". Então, tudo bem ficar acabada por amor à maternidade!

Autocuidado ou vaidade?

É claro que não foi tão simples assim! São anos que meu mantra nesse assunto é "orai e vigiai". Eu amo estudar e trabalhar. Então, sempre achei que fazer o que eu gostava já me deixaria muito feliz! Deixo facilmente de ir à academia, por exemplo, para atender a uma emergência de um paciente ou das minhas filhas. Sim, até hoje!

Comecei a entender sobre autocuidado tarde... dizem que tudo acontece na hora certa. Talvez tenha sido na hora certa e antes de colapsar, já que cheguei a extremos de cansaço, dores físicas e emocionais que não gosto nem de lembrar. Entendia que viver é amar e doar, a qualquer custo. Que era muito melhor estar apta a servir e doar do que precisar de ajuda ou pedir algo. Custei a entender que me abandonava facilmente e que a frase "tudo na vida passa" também poderia significar que poderia passar por cima de mim!

Quis relatar minha história porque uma das coisas das quais me orgulho no meu processo é falar sobre minha humanidade, vulnerabilidade e habilidades que precisaram ser reconhecidas para que eu pudesse entender sobre autocuidado. E, não sei por aí, mas por aqui, sempre aprendi que vaidade era pecado. Então "como eu poderia priorizar me cuidar sendo que tenho filhas, marido, casa, família que precisam de mim?"

Já tive que rever essa frase dezenas de vezes para estar aqui. "Precisam de mim"? Que ego inflado o meu! "Sou boa pra caramba e ninguém vive sem mim"? Pois é... nem eu! Na correria de tudo isso, com o piloto automático ligado, eu estava era sobrevivendo! No sentido de que havia sempre uma resistência, uma desculpa, usando da funcionalidade para justificar minha inabilidade de cuidar de mim e estar bem apesar dos obstáculos. Sim, viver é mais que se preocupar com tudo à sua volta. É estar inteira, plena, preenchendo-se de coisas boas para poder transbordar para aqueles que amamos. Sobreviver é estar sempre lutando contra uma resistência. É um estar vivo apesar de. Vivendo apesar da maternidade? Que triste isso, não é?

Há uma analogia que usam por aí para começarmos a entender melhor onde quero chegar: no avião, em caso de despressurização da cabine, devemos primeiro vestir nossa máscara e só depois ajudar a colocá-la no outro ao nosso lado. Ou seja, se eu não conseguir respirar, eu não posso ajudar ninguém! Querer cuidar ou prover aos outros só com o restinho que me sobra não é saudável. Tampouco funcional... funciona até o limite e depois despenca. E eu vivia nesses altos e baixos com intensidade.

Outra coisa que me fez entender completamente o autocuidado é algo lindo que Deus nos recomendou. Sempre fui uma pessoa muito religiosa e acreditava que fazer o bem sem olhar a quem bastava. Mas lembrei que Deus nos disse: "Ame seu próximo como a você mesmo". Bingo! COMO a si mesmo e não MAIS que a si mesmo! Tampouco MENOS que a si mesmo! Essa foi uma grande luz no meu caminho. Sim! Ele fala sobre autocuidado. Ame-se e ame seu irmão. É "E" e não "OU"! Ai, que **lindo** isso, minha gente!

Vaidade é algo bem diferente disso que eu acreditava. É o passar por cima de valores, dos outros, uma busca incessante por ser e estar mais que os outros. Autocuidado não! É encher meu potinho de autoamor, autoconfiança, autorrespeito com meus ingredientes prediletos! Não precisa ser academia, salão nem massagem. Mas precisa ser algo que me faz suspirar... ficar leve... me conectar comigo... não ver o tempo passar! Isso pode ser uma leitura, uma dança, um esporte, ver a chuva cair, desfrutar da natureza, brincar com seu animalzinho, assistir a um filme, meditar, tomar um chazinho quente, um café com as amigas... e também uma massagem ou uma visita ao salão de beleza! O que quero dizer é que tanque vazio não vai nem até a esquina. Se eu não estiver bem e nutrida, estarei sempre cansada e reclamando. Além de não servir nem como fonte de inspiração para meus filhos. Lá na frente, teremos a impressão de que sobrevivemos à maternidade, e não a vivemos como poderíamos!

Mas e a mãe? Quem cuida dela? Ninguém mesmo?

Pois é... há muita coisa dentro de nós construída pelas vozes que ouvimos onde nos diziam sobre a força da mãe, como a maternidade destrói outros sonhos, sobre abrir mão de si... e por aí vai. Além do cansaço físico logo que chega um filho, as vozes das crenças construídas ecoando lá dentro da mãe, as noites solitárias muito comuns durante a amamentação, e ainda há o excesso de visitas para o bebê. Ou seja, muitas mulheres atropeladas pela maternidade e por pessoas à sua volta sem a menor empatia.

Queria poder gritar para o mundo: "Queridos, há uma pessoa que também está perdida, cansada, com dor, com medos, com dúvidas e vocês poderiam perguntar se ela precisa de alguma coisa também!". Mais que levar presentes para o bebê, talvez se oferecer para ficar com o bebê para a mãe tomar um banho com calma... deitar um pouco... comer uma refeição tranquilamente...

Lembro-me de algo que me emociona até hoje: quando minhas filhas nasceram, um dos meus irmãos, Márcio, chegou com uma cesta cheia de guloseimas na minha casa. Rindo e questionando-o (achei que era tudo para mim), ele me disse que eram bolachinhas e suquinhos para as possíveis visitas que eu teria e que não deveria me preocupar em agradá-los, apenas direcioná-los para a cesta, caso quisessem, e que eu poderia apenas cuidar do bebê e curtir a visita. Ele me conhecia bem! Eu já pensaria que deveria fazer café, bolo, torta para servir todo mundo que chegasse, ficando "morta com farofa" todo dia.

Na prática, fica como?

Entendo e sei que tudo muda. Sei também que as crianças querem a mãe 99,9% do tempo. Mas quero propor a vocês um novo olhar: de respeito, empatia, cuidado e amor para essas pessoas incríveis que são a ponte entre Deus e a Terra para que a humanidade continue.

Pesquisas científicas mostram que mães podem carregar células dos seus filhos por décadas depois do nascimento, assim como os filhos também ainda carregam células da mãe por até 40 anos. Trago isso porque sei da responsabilidade das mães e adoro dizer isso para as pessoas porque foi algo que me deu mais empoderamento na minha maternidade, no autoconhecimento que precisei buscar, no autocuidado e no estímulo às mulheres sobre buscar estar sempre enchendo seus potinhos.

Adoro mostrar a diferença entre culpa e responsabilidade para as pessoas. Culpa é quando fazemos as coisas porque não sabemos que existe outra possibilidade. Copiamos modelos, não temos informações, seguimos um piloto automático... sem consciência e nem ciência do assunto em questão. Responsabilidade é quando temos a informação, o conhecimento, usamos de sabedoria, podemos agir e fazer diferente. Quando temos opção, já dá para falar sobre responsabilidade. E não adianta fugir de buscar conhecimento para se eximir da responsabilidade não, minha gente! A ciência evolui, o mundo gira, a tecnologia bate à nossa porta e não dá para não querer ter acesso a essas mudanças.

Então, sim, somos responsáveis pelos nossos filhos. Bora assumir isso com louvor? Buscando cuidar deles e de nós também? Nem que seja um tiquinho por dia... por semana... só não se abandone!

Filhos doentes ou em condições especiais

Imagina quando há situações de filhos doentes ou com necessidades especiais? Já observaram todo o aparato cuidador que essa criança precisa receber? E quem dá mais que todos? A mãe! Claro! Não tem como ser diferente! Então aqui também quero trazer um pouco mais de informação.

Nasce um filho... geralmente tão sonhado e programado. Acredito que todos sonhem com tudo perfeito. Muitos sabem que pode haver algum tipo de intercorrência. Se for pequena, tudo certo. Mas e se for algo tão grandioso que a mãe precise recalcular toda a sua rota? E se for algo tão diferente que a falta de informação faz que ela se depare com a sua impotência diante do inesperado? Com medos profundos e aterrorizantes, vividos muitas vezes em isolamento? Afinal de contas, a mãe "tem" que aceitar tudo... não tem, mas nossa sociedade acredita que sim! Você já parou para pensar o quanto de dor uma mãe pode sentir dentro de si e que ninguém nunca pergunta como ela está se sentindo?

Quem cuida dessa mãe? Quem cuida dessa mulher? Quem cuida dessa pessoa que, muitas vezes, nem teve tempo de se construir ou se reorganizar e a avalanche já chegou?

Eu também já estive nessa situação. Tenho duas filhas. Em 3 meses, tive o diagnóstico de a mais velha ter vitiligo e a minha segunda filha ter nascido com um refluxo urinário, no grau mais elevado nos dois rins. Vivia internada em um hospital fora da minha cidade por dias seguidos. Meu marido nem sempre conseguia estar conosco porque ele tinha que trabalhar e cuidar da nossa outra filha em outra cidade. As duas precisavam de cuidados especiais por muito tempo. Mas eu tive um anjo, que também atende pelo nome de Tia Eliana, que ia todos os dias, religiosamente, depois do almoço com uma garrafa de café coado, ME visitar. Sim, ela chegava, colocava o café em um copo de plástico, me entregava e dizia: "Vá dar uma volta que agora é comigo!". E lá ia eu caminhar um pouquinho pelos quarteirões do hospital, respirar ar fresco, ver gente... voltava, tomava um banho e estava renovada! Rede de apoio misturada com autocuidado e muito amor envolvido. Não é tão difícil cuidar de uma mãe que precisa, né?

Que sorte a minha ter tido esse anjo. Além desse cuidado, ela me ensinou mais ainda a importância de cuidar de quem cuida. Eu venho originalmente de uma família assim: que se preocupa genuinamente uns com os outros. E principalmente com quem cuida. Sempre tive uma boa escola convivendo com essa realidade de tratar bem aqueles que cuidavam dos mais velhos ou adoentados da família. E das novas mãezinhas também... Talvez isso também tenha me empurrado para essa profissão que tanto ama cuidar. Porém, aqui, o cuidado é amoroso e científico!

Gostaria de trazer mais uma reflexão: por que mesmo que, muitos de nós, esperamos ser cuidados e não nos cuidamos? É claro que na dor, sob pressão, no estresse, nossas dores mais profundas vêm à tona. Sim, queremos ser cuidados, adoramos carinho, atenção, aprovação. Somos mamíferos e adoramos o bando junto. Mas... o que nos impede de buscar ou pedir por esse cuidado?

Será que também não tem a ver com nossos limites, que não os reconhecemos e extrapolamos? Ou será que nos acostumamos a nos virar sozinhos? Talvez já tenhamos pedido tanto e não fomos atendidos que, na vida adulta, nem ousamos mais pedir? Ou, quem sabe, entendemos que pedir ajuda é sinal de fraqueza? E "Deus não dá a cruz maior do que podemos carregar"! Já ouvi de algumas mães com filhos doentes que, pasmem, elas ouviam isso das pessoas à sua volta. Então, muitas vezes, seguiram seus caminhos de dor e solidão nos momentos de maior desespero de suas vidas. Um filho doente, internado, com algum diagnóstico especial, é uma daquelas experiências que nos traz para lugares de medos jamais visitados.

Queridos e queridas: vamos nos atentar mais uns aos outros? Vamos exercer mais nossa empatia e compaixão? Vamos lembrar que a vida é cíclica, que podemos ajudar e ser ajudados em momentos diferentes? Vamos oferecer... vamos doar... vamos trocar! Não precisa se oferecer para cuidar da pessoa que está doente se isso é difícil para você. Mas olhar para aquela que cuida e se doa. Com certeza, com um olhar amoroso, um cafezinho fresco, um "agora deixa comigo", os corações dessas mães podem transbordar muito mais!

"Descansar não é uma perda de tempo. É investimento em bem-estar. Relaxar não é sinal de preguiça. É uma fonte de energia. Intervalos não são distrações. São uma chance de reforçar a atenção. Brincar não é uma frivolidade. É um caminho para a conexão e criatividade."

Encerro este capítulo com uma reflexão que vi recentemente. Autocuidado não é luxo. É necessidade básica e universal. É quentinho no coração. É encher o potinho de amor da pessoa mais importante do mundo: você mesmo!

07

A IMPORTÂNCIA DO ALINHAMENTO PARENTAL NA EDUCAÇÃO DOS FILHOS

A intenção deste capítulo é fazer você refletir de um jeito diferente sobre a importância do alinhamento entre os pais para a saúde emocional da pessoa que vocês mais amam na vida e apontar caminhos práticos para os pais se conhecerem melhor e fazerem bons combinados, que vão inspirar seus filhos e aumentar a conexão do casal.

RAFAEL GASPARIN

Rafael Gasparin

Rafinha, ou Rafinha Acústico, é músico e compositor desde sempre, psicólogo formado pela Universidade São Francisco (USF) e palestrante por propósito. Sempre compondo músicas reflexivas e divertidas, soma mais de 200 milhões de visualizações nas redes. Já foi regravado por grandes nomes da música brasileira e participou de programas renomados da TV nacional. O taubateano Rafinha já se apresentou em todas as regiões do país e mistura arte e psicologia, trazendo, nas canções e textos, um olhar leve e sensível para temas relevantes do cotidiano, como a vida real de pais.

Contatos
rafinha_banda@icloud.com
Instagram: @rafinhaacustico
11 98819 9634

O desenho animado preferido

Mamãe e papai, imaginem que vocês pudessem escolher o desenho animado preferido do seu filho. O desenho que escolherem será aquele que ele mais vai assistir na infância inteira. Qual desenho vocês escolheriam? Imagino que você seleciona as coisas que seu filho ou sua filha assiste ou vai assistir, principalmente na infância. Você provavelmente já disse para si mesmo: "Meu filho não vai assistir essas coisas".

Agora eu vou te contar uma coisa que só compreendi depois que meu filho Tito nasceu: o "desenhinho" que seu filho mais assiste durante a infância inteira se chama "Mamãe e papai e o jeito que eles se tratam". Doeu ler isso ou você ficou feliz? Talvez um pouco dos dois, e isso é natural; afinal, todo relacionamento tem dificuldades. Está tudo bem, mas, quando me dei conta disso, eu me perguntei: eu deixaria meu filho assistir quantas horas desse desenho por dia?

Com certeza ele assiste mais a gente conversando do que seu desenho preferido e ouso dizer que o jeito que nós, pais, nos tratamos pode influenciar a escolha do nosso futuro genro ou nora. Já imaginou a importância dessas cenas para o futuro da criança? Seja qual for o momento do seu relacionamento, vou dizer algo muito valioso que pode melhorar tudo. Pode anotar: vocês precisam e podem se conhecer melhor.

O grande livro

Antes de entrar em ideias práticas para esse chamado alinhamento parental, vou propor uma reflexão: imagine que todas as pessoas que você encontrou hoje pela rua estavam carregando, nas mãos, um livro gigante. Tente imaginar que, para segurar esse livro, a pessoa precisa estar com os braços bem abertos e as pernas afastadas, pois o livro é muito largo, pesado e nem passaria na porta de uma igreja, de tão alto. Um livro de edição única, capa dura e com muitas páginas.

Páginas lindas, coloridas, belas histórias, música e aventuras, mas também páginas feias, remendadas e até arrancadas. Algumas páginas, nem o próprio dono do livro lembra que escreveu. De outras ele até se lembra, mas gostaria de esquecer. E, claro, páginas que o autor adora mostrar para todo mundo. A questão é que todas as páginas estão no livro, desde a grande capa até as páginas arrancadas.

Esse livro é a biografia de cada um e existe dentro de nós. Olhe para o seu! Um livro que nunca para de crescer e não tem como você não o carregar. Sinto que todo mundo adora quando alguém lê seu livro e demonstra que leu, mas, para ler o livro do outro, a gente não tem tanta disposição, não é mesmo? Normalmente vemos a capa de longe, ouvimos falar sobre uma ou duas páginas e já dá aquela vontade de escrever uma crítica completa. Nem o livro dos nossos pais nós conhecemos muito, começamos a ler do meio para a frente, assim como o da sua esposa, marido ou pai ou mãe do seu filho. Páginas do passado eles nos contam, mas não tudo e, mesmo que muitas páginas você conheça e até tenha escrito junto com a outra pessoa, a maioria delas você ainda não leu.

Agora, me responda: por que você acha que consegue ser tão empático com seu filho? Se ele for preso, você vai visitá-lo na cadeia, se ele errar, você vai criticar querendo que ele melhore. Isso acontece pelo amor incondicional, mas também porque, quando o assunto é o livro do nosso filho, nós conhecemos a história desde a primeira palavra. Nós ajudamos a escrever do início e isso faz com que a gente, conhecendo tantas páginas, consiga, de verdade, se colocar no lugar dele de um jeito que não fazemos com mais ninguém.

Minha conclusão é que, quanto mais eu ler o livro de quem vive comigo, especialmente de quem cria um filho ao meu lado, mais chances eu tenho de melhorar o convívio e ainda fazer com que essa pessoa também leia o meu livro, para também me entender e me criticar com mais empatia.

Então responda para si: o quanto você já leu e continua lendo o livro do pai ou da mãe do seu filho? Assim como para ler qualquer livro grande, você precisa ter o desejo sincero ou a necessidade de ler. Precisa se dedicar com frequência, reler trechos e se aprofundar mais em alguns capítulos.

Antes de pensar em como vai ler o livro do outro, já reparou em como seu livro é importante? A sua trajetória importa, sua experiência é valiosa e seu livro provavelmente é um best-seller para os seus pais. Pode se orgulhar! Agora, imagine que gostoso ser lido e compreendido. Tem a ver com isso: dar importância para o livro do outro com a mesma importância que você quer que olhem para o seu. Lembrar que todo livro, um dia, estava quase em branco e foi escrito por pessoas que o amam. Todo livro importa, e quanto mais você ler o livro de quem cria seu filho com você, mais essa pessoa vai ler o seu e, posso apostar, tudo vai melhorar na criação dos filhos.

Agora eu vou te contar como estou fazendo para tentar ser um especialista em Amanda, minha esposa, não só lendo o livro dela, mas também estudando, anotando e refletindo sobre nossa própria história enquanto ajudamos nosso filho a escrever a dele.

Ler o livro do outro não é fácil, mas aqui vou deixar uma experiência prática para você ser um especialista no livro do seu parceiro.

O contrato do amor

Enquanto eu estava no processo terapêutico, minha psicóloga Cinthia Rodrigues, uma profissional excelente, começou a atender também minha esposa Amanda (ela atende casais) e sugeriu que fizéssemos um contrato entre nós, parecido com o contrato de uma empresa, mas com coisas diferentes. Nós seguimos a sugestão, aprimoramos o contrato, e hoje chamamos de "O contrato do amor".

Primeiro, você pega uma folha de papel e escreve de próprio punho duas listas. A primeira com coisas que você gostaria que seu parceiro continuasse fazendo, coisas que você adora que ele faça. Na segunda lista, você escreve coisas que gostaria que ele mudasse ou melhorasse. Escreva com detalhes, coisas simples ou mais profundas. Não há regra para o tipo de coisas, pode até ser algo que pareça bobo, não importa. O importante é ter as duas listas. Uma dica valiosa: capriche na lista das coisas boas.

Depois disso, vem uma parte um pouco difícil e chata, mas que também pode ser surpreendente, que é ler um para o outro o que vocês escreveram, um de frente para o outro. Se você só conseguir fazer isso por mensagem, talvez seja melhor procurar logo a Cinthia ou alguma terapia de casal.

Nesse momento, começa a negociação. Você não precisa aceitar tudo o que ela quer que você mude e vice-versa. Como em qualquer contrato, justifique suas sugestões de cláusulas e veja também o que você realmente é capaz de cumprir das cláusulas que foram sugeridas. Exemplo: minha esposa diz que não suporta quando o cesto de lixo de recicláveis fica com algum lixo em cima da tampa e, normalmente, eu só esvazio o cesto quando o lixo e a tampa estão atolados e já tem lixo quase encostando no teto. Ela escreveu que isso acaba com o humor dela de manhã e pediu que eu não deixasse nenhum lixinho em cima da tampa, nunca. Eu argumentei que eu deixo acumular porque é trabalhoso ir até a lixeira muitas vezes para jogar o lixo, já que essa é minha responsabilidade. Começaram as negociações.

No fim, eu sugeri que pudesse deixar pelo menos um lixo pequeno em cima da tampa, pelo menos de um dia para o outro, porque, às vezes, enchia à noite, estávamos tomando um vinho com amigos e eu não queria levar o lixo naquele horário. Ela concordou que, de um dia para o outro, algum lixo da noite estaria liberado. Então, fomos ajustando. É claro que coisas mais emocionais como fazer carinho, elogiar, usar menos o celular em horas importantes etc. também são muito bem-vindas e você precisa refletir muito antes de escrever suas listas. Sem pressa nessa etapa, siga seu coração.

Depois de discutirem todos os tópicos, talvez brigar ou chorar um pouco, se decepcionar, se surpreender, se orgulhar ou não, vocês escrevem em uma terceira folha as cláusulas combinadas e assinam à mão. A cláusula do lixo reciclável, por exemplo, ficou assim: não pode acumular lixo reciclável em cima da tampa do cesto, a não ser que seja algum lixo da noite, podendo ficar ali apenas até a manhã seguinte.

Dica de ouro: deixem o contrato em um lugar fácil de achar para reler sempre e coloquem um prazo de validade para reverem o contrato, como qualquer empresa bem-sucedida faz, analisando o que está dando certo e o que não funcionou.

E se algo não for cumprido? Tem multa? Pode brigar? Não sei, até isso precisa estar combinado. Quanto mais detalhes, menos problemas. Se algo der muito errado e quiserem mudar antes do prazo de validade, conversem, abram o contrato, recalculem a rota. Fica mais fácil fazer isso quando há uma rota, pois tudo pode ser feito se aceito pelas partes. Aqui, nós anotamos coisas que não estão sendo cumpridas para cobrar na próxima reunião de atualização. Tenha paciência até lá, mas não deixe de anotar também o que foi cumprido para elogiar no capricho depois. Reforçando: deixe o contrato à vista e leia-o semanalmente para ficar sempre fresco na memória.

Provavelmente, vocês vão descobrir que nenhum contrato é seguido à risca, vão desistir de algumas cláusulas, mas vão agradecer por cláusulas simples que fizeram com que vocês diminuíssem brigas para serem um desenho animado muito mais seguro para o seu filho assistir diariamente.

Agora, falando desse alinhamento para melhorar diretamente a criação da criança, vamos para o anexo "filho(a)" que deverá estar no contrato. Mais uma sugestão da Cinthia: escrevam em uma outra folha o que vocês esperam do outro como pai ou mãe, sejam claros, detalhistas, falem sobre coisas simples, como troca de fraldas, até coisas mais profundas, como princípios e espiritualidade, e surpreendam-se. Sigam a mesma fórmula de negociar, escrever em uma outra folha o que os dois concordaram e assinem à mão, com a certeza de que o alinhamento entre vocês subiu de nível. Seu filho vai ser o primeiro a sentir e vocês serão um desenho que comunica bem, que treina a empatia. Além disso, vocês terão ainda mais orgulho de saber que ele assiste vocês e que está colocando nas principais páginas do livro dele que o desenho que ele mais copia se chama "Como meus pais se tratam bem".

Enquanto eu lia o "grande livro" da Amanda, levando a sério a importância disso para o futuro do nosso filho, percebi que ela sempre se cobrou muito para ser excelente em tudo o que faz. Até por isso, ela é tão maravilhosa; isso estava explícito em vários capítulos e, em seu puerpério, ela estava se cobrando ainda mais por não conseguir ser uma mãe sempre perfeita; afinal, nenhuma é. Lembrei-me de que, em nosso contrato, ela me pediu que eu ajudasse a deixar mais leves os desafios do cotidiano e, como estávamos conectados e em um processo de alinhamento intenso, captei o recado e escrevi uma canção que vou deixar no fim do capítulo.

Escrevi pelo olhar do nosso filho, e pensei: o que ele diria se já soubesse falar com um mês de vida? Para quem ele diria "obrigado" primeiro? Uma canção para honrar a história e o esforço da mãe, cumprir uma cláusula do contrato e me aproximar ainda mais da mãe do meu filho. Essa canção também é para você, mamãe, que está indo muito bem no meio de tantas imperfeições de seu lindo livro, que agora também conta a história de seu filho ou filha, o início do seu capítulo mais bonito. Mamãe, prepare seu coração e, se você é o papai, chame a mamãe e escutem juntos a canção pelo QR code, no fim da página seguinte, enquanto leem a letra:

Baguncei

Tão pouco tempo que eu cheguei
Já baguncei a casa e a cara de vocês
Seu tempo eu diminuí
Seu coração eu aumentei
Eu só sei chorar
Mamãe, desculpe a confusão
Se eu soubesse agradecer
Você seria a primeira
Papai já me contou, mamãe
Que você é a mais guerreira
Mãe, vou te contar um segredinho:
Nunca é sem querer
Quando eu dou um sorrisinho
Foi Papai do Céu quem liberou
Pra eu te agradecer assim
Seu jeitinho imperfeito é perfeito pra mim

08

OS BENEFÍCIOS DA CONSCIÊNCIA MINDFULNESS NA MATERNIDADE

Este capítulo é um convite para que você retorne ao seu centro e cultive o bem-estar e a presença, mesmo com os desafios da maternidade, como forma de lidar melhor com eles e apreciar com inteireza as alegrias dessa função.

JULIA DUARTE

Julia Duarte

É palestrante e instrutora sênior de mindfulness (atenção plena), com certificação avançada pelo Mindfulness Trainings International (MTi). Especialista em Psicologia Positiva – Ciência do Bem-Estar e da Autorrealização pela PUC-RS. Graduada e pós-graduada em direito pela PUC-MG, fez transição de carreira após "viver na pele" os prejuízos do excesso de trabalho e ausência de priorização da saúde mental. Hoje, tem alegria em sustentar e compartilhar uma forma mais consciente e equilibrada de viver, por meio das práticas de mindfulness e da psicologia positiva. Oferece cursos de mindfulness, nos formatos on-line e presencial, retiros, palestras e treinamentos para empresas. Já foram mais de 3.500 impactados em suas palestras e cursos. "Mindfulness me trouxe de volta ao meu eixo em um momento em que eu estava bem distante dele. A vida acontece momento a momento, e mindfulness nos resgata essa consciência. Por isso, ele é um dos meus maiores aliados do bem-viver."

Contatos
bemindfulness.br@gmail.com
Instagram: @bemindfulness.br
Spotify e YouTube: Be Mindfulness – Julia Duarte
31 98264 9138

Sabe aquela clássica frase do avião sobre colocar a máscara de oxigênio em nós antes de ajudar a pessoa ao lado? "Coloque a máscara primeiro em você." Longe de egoísmo, essa é uma necessidade. A gente só pode dar aquilo que tem. Quanto melhor você estiver, emocional e fisicamente, melhor será sua jornada na maternidade.

Mas afinal, o que é mindfulness?

Mindfulness significa atenção plena ou consciência plena. Trata-se de viver com presença e fazer uma coisa de cada vez, estar com a cabeça onde estão os pés. Mindfulness vai muito além da meditação, é a nossa habilidade de fazer o que estamos fazendo com inteireza; seja trabalhar, alimentar-se ou cuidar da rotina de sono dos filhos.

Se você se considera uma pessoa agitada demais, saiba que isso não te impede de praticar mindfulness. Você não precisa ser uma pessoa calma para praticar, é justamente o oposto; talvez as pessoas mais calmas sejam as que menos precisam de mindfulness. A calma é o que buscamos atingir quando praticamos.

Os benefícios da prática de mindfulness incluem a redução do estresse e da ansiedade, aumento do foco, intuição, autoconhecimento e autocompaixão.

Podemos obtê-los por meio das práticas formais – meditações – e das práticas informais, que são convites para levar a atenção plena às atividades diárias, e pelo desenvolvimento de atitudes como paciência, não julgamento, aceitação, generosidade, gratidão, confiança, desapego e mente de principiante.

Uma gestação com presença é mais leve

Como será meu filho? Ele nascerá saudável? Qual tipo de parto é melhor? Como conciliarei a maternidade com o meu relacionamento e o trabalho? Será que vou dar conta? São dúvidas intermináveis.

A atitude de mindfulness da "mente de principiante", de abraçar o novo com curiosidade e abertura, ajudará muito na gestação. O caminho se faz no caminhar. Assim como não precisamos ver a estrada inteira para dirigir à noite, mas apenas os próximos metros iluminados pelo farol, não precisamos saber tudo ao nos descobrirmos grávidas. Mindfulness é como o farol que ilumina a estrada à noite, convidando-nos a focar em cada parte do caminho, momento a momento.

É importante nos prepararmos dentro do que está ao nosso alcance, mas a perfeição, além de não ser possível, não é necessária para ser mãe. Se tivéssemos que ser perfeitas para sermos mães, a humanidade já estaria extinta. Seremos as melhores mães que pudermos ser. Assim como as nossas crianças são diferentes entre si, não há uma fórmula única para a maternidade. Podemos aprender com outras mães, com cursos e livros, mas não podemos nos esquecer da nossa sabedoria interna.

Aprofundar as práticas de mindfulness nos ajuda a acessar nossa intuição, os saberes que residem em nós e que se manifestam mais facilmente após o estado meditativo.

Durante a gravidez, podemos dedicar mais tempo às práticas formais, como as meditações que podem ser guiadas, quando você ouve um áudio com a voz de outra pessoa, ou não guiadas, quando você mesma se conduz. O ideal é começar com práticas mais curtas, como as de 5 minutos, e aumentar aos poucos (no meu podcast você encontrará diversas opções). No início, pode ser desafiador, mas a formação do hábito fará toda a diferença no seu estado mental.

Em 2012, Cassandra Dunn e colegas exploraram os benefícios do mindfulness para gestantes e encontraram redução significativa na depressão, estresse e ansiedade, inclusive no pós-parto, e perceberam, ainda, um aumento da autocompaixão.

Além de ajudar com a ansiedade, o estresse e a depressão, as práticas de mindfulness na gestação nos preparam para as próximas fases da maternidade. As técnicas de respiração auxiliam no controle da dor, trazem uma experiência de parto melhor e ainda têm impactos positivos no desenvolvimento neurológico do bebê, como demonstrou o estudo IMPACT BCN, de 2023.

Se você puder começar as práticas de mindfulness antes ou durante a gestação, elas irão te preparar para tudo o que está por vir. Serão como um reservatório de inteligência emocional que estará à sua disposição quando precisar – e você vai.

Mindfulness para mães recém-nascidas

Depois de cerca de nove meses cultivando a atitude de mindfulness da paciência, é hora de conhecer o seu filho.

Infelizmente, muitas mulheres não tiveram ainda essa oportunidade. Seja pela infertilidade, por uma perda gestacional... é momento de agradecer. Além de ser uma atitude de mindfulness, por nos ajudar a trazer contentamento e bem-estar ao presente, os exercícios de gratidão trazem benefícios inclusive para pacientes com depressão, sendo uma ótima estratégia para evitar esse quadro, sobretudo no puerpério. Como diz a cientista, mãe e praticante de mindfulness Shauna Shapiro (TEDx Talks, 2017), o que você foca, expande.

Se não nos policiarmos, nosso foco pode ser facilmente direcionado para os desafios que surgem com o nascimento de um filho. Eles de fato existem, mas se focarmos apenas neles, serão expandidos.

Sabemos que acordar à noite para amamentar o filho prejudica o sono da mãe, mas sempre há a escolha: fazer isso queixando-se por ter acordado, ou colocar a intenção de fazer isso com presença e apreciar pelo que se pode agradecer nesse momento.

A intenção que levamos para o que estamos fazendo muda tudo. Ao reclamar, colocamos uma camada extra de dificuldade na tarefa. A prática da gratidão, que pode ser feita pela escrita de um diário com pelo menos 5 razões para isso, vai ajudar a moldar o seu cérebro para focar nas coisas boas e ter uma postura mais otimista diante da realidade. Não é negar os problemas, mas conseguir ver o que existe de bom e saber agradecer, apesar deles.

Fazer as práticas formais, meditações, continua sendo maravilhoso em todas as fases da maternidade. Mas se as demandas não permitirem encaixar ainda esse tempo para você, as práticas informais são ótimas aliadas, pois nelas você simplesmente faz o que já teria que fazer, mas com intenção e atenção plena.

Uma atividade corriqueira, como trocar a fralda, pode ser feita no "automático", ou com presença. Para isso, ao trocar a fralda do seu filho, explore os aromas e a mudança deles, de um cheiro ruim a um cheiro bom. Ao tocar suas perninhas, explore a textura da pele macia. Perceba a diferença de temperatura da pele seca e, após ter passado o lencinho umedecido, sinta a textura do creme. Conecte-se com o seu rostinho e a mudança das expressões faciais antes e depois de trocado. Essa pode ser uma prática de mindfulness. Experimente levar essa atenção plena e intenção para cada pequena atividade que estiver fazendo com ele. Se perceber a mente muito dispersa, pode ser útil narrar, inclusive em voz alta, por exemplo, "eu estou dando banho no meu filho", ou "eu estou tomando sol com o meu filho".

Você nunca sabe quando será a última vez

No filme "Já era hora", um pai workaholic acorda um dia e a filha, que era um bebê, "de repente" tem cerca de 7 anos de idade. A trama se desenvolve como um sonho, mas é uma crítica ao automatismo no qual podemos entrar, não percebendo as pequenas coisas que, como diria Jon Kabat-Zinn, criador do primeiro programa de mindfulness, "não são pequenas, são a vida acontecendo". No filme, os anos "voaram" e o protagonista simplesmente não viu. Você se identifica com essa história? O dia não passa "voando", o ano não passa "voando". São as mesmas 24 horas, os mesmos 365 dias. A forma como nós passamos pelo dia é que dá essa sensação. Somos nós que estamos indo depressa demais e não tendo presença quando temos essa sensação.

De uma hora para outra, o seu filho, que sempre vestia as roupinhas que você escolhia, decide que é ele quem as escolhe agora. De repente, ele te corrige quando você fala uma palavrinha que ele costumava falar errado, dizendo que aquele não é o jeito certo. Um dia ele já está indo para a escolinha, depois para o ensino médio, a faculdade... ou talvez ele nem faça uma e tenha escolhas diferentes daquelas que você planejava.

Você nunca sabe quando será a última vez de algum momento com seu filho. A melhor forma de lidar com isso é vivendo cada um desses momentos com o máximo de presença que conseguir. Olhando nos olhos, estando realmente ali, ouvindo com genuíno interesse.

Mais importante do que a quantidade de tempo que passamos com nossas crianças, é a qualidade desse tempo. Talvez você fique com seus filhos muito tempo no dia, mas se a sua cabeça está longe, é como se você não estivesse ali. As crianças sentem essa ausência. Talvez você trabalhe fora e tenha pouco tempo por dia para estar com seu filho. Se nesse tempo que tiver disponível, você ficar de fato ali, sem celular, de corpo e alma, terá muito mais conexão do que estar com ele o dia todo, mas de forma robótica.

Procure levar a atenção plena para cada momento que passam juntos. Amamentar com atenção plena é uma forma de se conectar profundamente com seu filho. Fazer uma caminhada com presença, observando as flores, o caminho, as pessoas, também pode ser. A verdade é que eles não precisam de muitos estímulos, como costumamos pensar. Nem de presentes tão caros, que tirem deles a sua presença. Coisas pequenas podem se tornar brincadeiras incríveis com criatividade e presença.

Estar por inteiro ajudará você a viver uma maternidade mais significativa.

Pratique o que você prega

Vejo a maternidade como uma das melhores formas de nos lapidarmos. Nós somos as maiores referências que nossos filhos podem ter e, sendo elas positivas, nós podemos criar um impacto significativo no mundo. O neurônio-espelho que faz você bocejar ao ver alguém fazendo isso tem um impacto ainda maior nas crianças, sobretudo nas atitudes dos pais. Seus filhos pequenos farão aquilo que você faz, seus comportamentos alimentares e emocionais, seus hábitos... eles aprendem por repetição. Há algo mais forte do que isso?

O momento que você ensina o seu filho a tratar o porteiro com a mesma atenção que trata o seu chefe, ou que você o ensina a respeitar e cortejar as mulheres, ou que ensina à sua filha a força que é ser uma mulher, ou que o ensina como lidar com emoções desafiadoras, não impacta apenas ele. O seu maternar impacta gerações.

Não adianta falar para o seu filho reduzir o uso de tela se você não o faz. Não adianta querer que ele medite, ou saiba validar as suas emoções, se você não o faz. Comece por si. A melhor maneira de inspirar seus filhos a meditar é verem você fazendo isso, diariamente, em diferentes cômodos da casa, mostrando que isso é algo tão natural quanto escovar os dentes. O modo como você e seu marido resolvem um problema impactará as brigas que eles terão, ou deixarão de ter, na escola. É lindo ensiná-los sobre comunicação não violenta e inteligência emocional, mas eles aprenderão, principalmente, pelo exemplo.

A raiva vai aparecer, assim como a ansiedade, o estresse, o medo… e não há nada de errado nisso. Emoções existem para serem sentidas. Ter inteligência emocional não significa não ter emoções, mas reconhecer quando elas estão chegando e ter ferramentas que ajudam você a voltar para o seu eixo quando estiver distante dele. Mindfulness ajudará você a não se deixar dominar pelas emoções e pensar com mais clareza, sem ser sequestrada pela amígdala cerebral, que é o que acontece quando temos reações explosivas sem necessidade. Quem nunca?

Que a autocompaixão seja sua aliada no maternar consciente

É impossível falar de mindfulness, sem *heartfulness*. Mindfulness não é apenas atenção plena no momento, mas atenção gentil. A autocompaixão é sobre você se tratar da mesma forma que trata aqueles que mais ama.

Que o seu maternar seja de presença e gentileza, não só com seus filhos, mas sobretudo consigo. Quando estiver muito cansada, lembre-se de que tudo o que você pode precisar é de descansar, e não de desistir.

Muito provavelmente o tempo para o autocuidado se reduza, sobretudo no início da maternidade. Mas assim como nosso corpo que se estica a ponto de gerar uma vida na barriga, nós temos a capacidade de ser flexíveis. Adapte o seu autocuidado se necessário, mas não o exclua. Se não der para fazer 50 minutos de meditação, que tal 5? Se não conseguir dedicar 2 horas para ir à academia, que tal 20 minutos de exercício em casa? Cuidar de si mostrará para seus filhos como é importante que cuidem deles.

Quando nos criticamos em demasia, ou nos apegamos à culpa, desligamos as áreas do nosso cérebro que são responsáveis pelo aprendizado. Em outras palavras, só pioramos a situação. Não se julgue se, até aqui, o autocuidado e a presença se distanciaram da sua vida. A melhor hora para retomá-los pode ser agora, pois o ponto de poder está sempre no momento presente, como diz Louise Hay (2020).

Espero que estas palavras cheguem até você com o mesmo amor que eu as escrevo. Seus filhos amarão uma mãe real, que se esforça para ser melhor, como eles também devem fazer, mas que vê os erros e eventuais pontos de melhoria como um estímulo ao desenvolvimento, e não com um peso descabido. Você não é os seus erros. Você é uma mãe perfeita, na sua natureza imperfeita, que erra, acerta e inspira por ser real.

Referências

CROVETTO, F.; NAKAKI, A.; ARRANZ, A. *et al.* Effect of a mediterranean diet or mindfulness-based stress reduction during pregnancy on child neurodevelopment: a prespecified analysis of the IMPACT BCN randomized clinical trial. *JAMA Netw Open*, v. 6. n. 8: e2330255, 2023.

DUNN, C.; HANIEH, E.; ROBERTS, R.; POWRIE, R. Mindful pregnancy and childbirth: effects of a mindfulness-based intervention on women's psychological distress and well-being in the perinatal period. *Arch Women's Ment Health*, v. 15, p. 139-143, 2012.

HAY, L. L. *Você pode curar sua vida*: como despertar ideias positivas, superar doenças e viver plenamente. Rio de Janeiro: BestSeller, 2020.

HÖLZEL, B. K. Mindfulness practice leads to increases in regional brain gray matter density. *Psychiatry Research:* neuroimaging, v. 191, n. 1, p. 36 -43, 2011.

JÁ era hora. Direção: Alessandro Aronadio. Produção: BIM Production. Los Gatos: Netflix, 2023.

KABAT-ZINN, J. *Viver a catástrofe total*: como utilizar a sabedoria do corpo e da mente para enfrentar o estresse, a dor e a doença. Ed. rev. e atual. São Paulo: Palas Athena, 2017.

TEDx TALKS. O poder da atenção plena: o que você pratica, se fortalece | Shauna Shapiro | TEDxWashingtonSquare. YouTube, 10 mar. 2017. Disponível em: https://www.youtube.com/watch?v=IeblJdB2-Vo. Acesso em: 27 set. 2024.

09

SEXO E SEXUALIDADE DA MULHER DEPOIS DA MATERNIDADE

Quando nasce um filho, nasce também um processo intenso de se tornar mãe. Entre incertezas, contradições e ambivalências, a mulher está diante de uma nova realidade. Quem sou eu agora? Toda a sua energia vital é direcionada para a maternidade. Neste capítulo, vamos nos enveredar no caminho de resgatar essa mulher e sua sexualidade, redescobrir seus desejos e ressignificar suas relações.

LIGIA GIOVANNINI PEREIRA

Ligia Giovannini Pereira

Psicóloga formada pela PUC-MG, trabalha com saúde e desenvolvimento da mulher nos âmbitos psicológico, maternidade, perinatalidade, criação com apego e luto. Atua buscando referências no sagrado feminino, escrita curativa e constelação familiar. Na psicologia sistêmica, encontrou terra fértil para embasar seus atendimentos. Atualmente, atende adultos e casais. Tem uma filha no céu, Sarah, e uma filha na terra, Ana Clara. A cada desafio de sua maternidade, reitera a vontade de ser uma pessoa cada vez melhor.

Contatos
ligiagiovanninip@gmail.com
Instagram: @ligiagiovanninip
31 98535 8377

Desde pequena, nas brincadeiras com minhas bonecas, os nomes escolhidos para minhas futuras filhas mudavam constantemente. Mas o jeito que as carregava e cuidava delas já mostrava um desejo latente. Um desejo que era desconhecido, mas concebido pelas referências que tomei sobre ser mãe: as mulheres da minha família. Iniciei a minha travessia sobre o que é ser mãe bastante tempo depois, com 32 anos. E como todas as mulheres antes de serem mães, idealizei que ser mãe seria como em um conto de fadas e o meu "felizes para sempre" estaria prestes a chegar. Descobri que a maternidade é uma construção, que é linda e que não é nada fácil. Uma contradição inteira, assim como ser mulher também o é. Hoje, minha filha tem 8 anos e continuo construindo esse lugar em mim. Cada alegria e cada desafio com ela me trazem questionamentos constantes e me levam a buscar um novo olhar sobre ser eu. Ser mãe é somente um dos meus muitos lugares, que me permite descobrir um pouco mais sobre mim.

A sexualidade da mulher caminha junto com o processo de descoberta de si mesma. Ela tem a força propulsora da vida, mas é inconstante. Em cada fase, ela terá um desenho diferente. Este desenho da sexualidade na mulher depois dos filhos possui contornos bem intensos. Desenhá-los nos permite nos aproximar um pouco mais de nós.

O puerpério

Mãe é este ser que emerge depois que um filho chega em seus braços, e vai sendo construído nesse processo de dúvidas intensas e reconhecimentos significativos. Nesse momento, a mulher não se reconhece. Quem sou eu agora? O tempo, as decisões, o corpo. Tudo isto pertence ao filho que chega. Tudo ao redor fica grande demais. Com sentimentos antagônicos e sensações desconhecidas, o puerpério se instaura sem pedir licença. A mulher que ficou lá atrás, no dia do parto, não existe mais. O não saber é um companheiro de jornada. Atravessá-lo chega como um imperativo para essa mãe. "Tenho que dar conta". Segundo Brené Brown, sentir é vulnerabilizar-se, e estar vulnerável exige coragem e ousadia. A vulnerabilidade é uma constante e, necessariamente, essa mãe não vai dar conta de tudo. Cuidar desse filho requer esquecer de si mesma, e a prioridade se torna ajudá-lo a se adaptar a essa vida fora do útero. A mulher fica esquecida em algum lugar dentro da mãe e, juntamente com todo o caos que se instaura, a sexualidade acaba virando algo sem importância. O distanciamento do casal é inevitável com a chegada do filho. As prioridades mudam, novas responsabilidades surgem. Onde havia dois, agora há três, e este último que chega atrai toda a atenção para si. Os amantes de outrora abrem espaço para uma nova construção. Tornar-se mãe é um processo, assim como reconstruir uma reconexão consigo mesma e uma reaproximação com seu parceiro.

> Existe uma ordem em relacionamentos que atribui aos membros mais antigos a precedência em relação àqueles que vieram depois. Denomino-a de ordem original.
> (Hellinger, 2007)

A contribuição de Hellinger enfatiza que, dentro de uma hierarquia, quem chega antes na vida tem prioridade. Estabelecendo-se esta ordem, conseguimos fluir para uma vida mais saudável. Então, vamos colocar a seguinte ordem baseada em uma mulher que tem um relacionamento estável e que acabou de ter o primeiro filho, fruto deste relacionamento:

Prioridade 1 – A mulher
Prioridade 2 – O casal
Prioridade 3 – O filho

Perceba, com isso, que a prioridade seria cuidar dessa mulher, que, agora, com toda a complexidade do puerpério, não encontra condições para acessar a si mesma e muito menos o seu parceiro. A realidade nos traz outra disposição familiar. A prioridade está no filho que acabou de nascer, e estamos diante de um desequilíbrio sistêmico comum. Isso significa que a maioria das famílias vai passar por esse desequilíbrio quando o primeiro filho chegar.

Restabelecendo o equilíbrio

Na sociedade atual, o puerpério vem acompanhado da palavra "solidão". No meu consultório, 90% das puérperas que atendi e atendo trazem esta queixa. Se fizermos uma simples pesquisa familiar, vamos descobrir que, no tempo de nossas avós, bisavós, tataravós, cada mulher que paria era rodeada por outras mulheres para apoiá-la neste processo. Neste mesmo tempo, as mulheres que vieram antes de nós trabalhavam em casa cuidando da saúde e educação dos filhos, enquanto os homens cuidavam do financeiro desta família. Na configuração atual, tanto homem quanto mulher trabalham e sustentam a família financeiramente. Quando os filhos começam a chegar, a mulher continua assumindo a maior parte dos cuidados com a saúde e a educação das crianças. Há aqui um desequilíbrio que é nomeado por essas mulheres de solidão. Quem cuida desta mulher quando ela está cuidando do filho do casal? As mulheres da família, que outrora faziam este papel, estão trabalhando e cuidando de seus próprios filhos. Como restabelecer a conexão deste casal quando há uma sobrecarga materna e uma desconexão consigo mesma?

A mãe imersa na maternidade solitária e o pai se sentindo meio esquecido nesta relação acabam se distanciando afetivamente. Há um enorme muro de concreto entre os dois que eles próprios construíram. Quebrar este muro requer paciência, esforço e consciência. Começar a olhar um para o outro, comunicar as necessidades de cada um, falar dos novos sentimentos que chegam. Cuidar desta mãe que cuida e abrir espaço para a entrada deste pai na relação entre mãe e filho acabaram se tornando funções importantes deste casal, exigindo esforço das duas partes. A verdade é que esta fase da vida do casal vai passar. E quando ela passar, como queremos estar? Um casal se reconectando ou se desconectando? Certamente será uma vantagem deste casal imergir neste puerpério como parceiros, aumentando a possibilidade de um resgate da conexão perdida.

Segundo Esther Perel (2018), toda mulher quer ser olhada como mulher e não como mãe ou esposa, e quer olhar para seu parceiro como homem. Diante dessa realidade, a sexualidade da mulher vira um tabu para o casal, pois não há espaço, tempo, nem corpo para outras atividades. A sexualidade vai muito além do sexo em si, e ela tem como força propulsora a libido, que é a energia que impulsiona os processos de desenvolvimento humano (Freud, 1996). Toda essa energia, que antes era direcionada para sua própria vida e compartilhada com seu parceiro, volta-se para a busca incessante de uma conexão entre mãe e filho. A libido, por ora, é orientada para um lugar não tão confortável assim: tornar-se mãe. Nessa conjuntura, não há espaço para outras atividades. Depois de um tempo, às vezes não tão longínquo, mas às vezes longo o suficiente, ser mãe se torna algo mais possível. É sempre bom lembrar que os filhos crescem. Parece redundante, mas em alguns momentos os desafios são tão expressivos que parecem ser insuperáveis. Tudo passa! Os filhos vão se tornando um pouco mais independentes, os desafios menos físicos e acaba sobrando mais espaço e tempo para lembrar que, para além da mãe que surge no processo, existe uma mulher desejante. O puerpério vai chegando em sua reta final com o vislumbre do retorno da mulher, abrindo a possibilidade de um olhar mais difuso e menos centrado no filho. A mulher torna-se mãe, e, depois, a mãe redescobre a mulher. Não aquela de antes dos filhos, mas uma nova mulher. Agora, um pouco mais inteira, pronta para descobrir novos prazeres e resgatar os antigos. O inesperado se faz presente em uma tentativa de reconhecimento de si mesma. O que eu desejo agora, depois dos filhos?

Amor e desejo

A rotina familiar caminha para um lugar de estabilidade e consistência. Isso é amor. Enquanto o erotismo está no lugar oposto: na impermanência e na espontaneidade. Isso é desejo. Quando chegam os filhos, buscamos cada vez mais o conforto de uma relação segura. Segundo Esther Perel (2018), amor e desejo não são sentimentos incompatíveis, só não acontecem ao mesmo tempo. Na busca por esse conforto, a mulher acaba diminuindo a possibilidade de dizer do seu próprio desejo. Ser mãe não tira das mulheres a sua sensualidade. Ela está esperando para ser resgatada quando sua energia libidinal for direcionada mais para si mesma, menos para os filhos. É importante deixar marcado que quem resgata sua sensualidade é a própria mulher. Desejar o seu parceiro requer, primeiramente, reconhecer-se, voltar-se para si, descobrir seus prazeres mais simples. A maioria das mulheres tem dificuldades em integrar maternidade e sexualidade. Buscar a si mesma é fundamental para redescobrir e dominar seu prazer pessoal e, assim, ser mais receptiva ao seu parceiro. A mulher quer desejar e ser desejada, e o homem tem o papel fundamental de convidar essa mulher a convidá-lo a se aproximar. A partir dessa aproximação, criar juntos possibilidades incertas, doses de imprevisibilidade e espontaneidade, permitindo, assim, que o desejo surja nos momentos em que o amor der uma folguinha para os dois. O amor seguro vai acontecer facilmente. O desejo incerto, o casal se esforça para provocá-lo.

> O riso é um lado oculto da sexualidade feminina: ele é físico, essencial, arrebatado, revitalizante e, portanto, excitante. É um tipo de sexualidade que não tem objetivo, como a excitação genital. É uma sexualidade da alegria, só pelo momento, um verdadeiro amor sensual que voa solto e que vive, morre e volta a viver da sua própria energia. Ele é sagrado por ser tão medicinal. É sensual por despertar o corpo e as emoções. Ele é sexual por ser excitante e gerar ondas de prazer. Ele não é unidimensional, pois o riso é algo que compartilhamos com nosso próprio self, bem como com muitos outros. (Estés, 2014)

Clarissa Pinkola Estés (2014) nos mostra que rir é uma ótima estratégia de conexão com a própria sexualidade. Para rir, é necessário respirar, conectar-se com as emoções, com o sentir do corpo. Esse estado nos coloca imediatamente no momento presente, no aqui e agora. E é neste lugar que a conexão consigo, primeiramente, e com o outro acontece.

A gargalhada pode, enfim, ativar a libido desta mulher, reacendendo o interesse pela vida além dos filhos. Agora ela é mulher, parceira e mãe (necessariamente nesta ordem), e é capaz de ocupar muitos outros lugares, expandindo sua libido para sua vida. Sua sexualidade voa solta. De vez em quando pousa, para um breve descanso. A sexualidade é inerente à mulher, ela pertence e tem muita força. O caminho para acessá-la está dentro de cada uma de nós. E ser mãe é um destes caminhos, bem intenso por sinal, que pode nos levar a esta mulher que reconhece e busca o seu próprio desejo.

Um breve epílogo

Vida é movimento, já dizia Aristóteles. Ser mãe me trouxe uma sabedoria que me conecta diretamente com o meu ser mulher. Hoje, acolho o meu sentir, escuto meu corpo e tudo o que ele traz em seu inconsciente e por meio das experiências que vivi. Aproximo-me de mim e reconheço quem eu sou. Por muitas vezes, desconheço. Desconhecer-me me leva para um lugar de questionamentos. Continuo buscando respostas. Elas nunca acabam. Vivo e me movimento dentro desses ciclos, equilibrando e desequilibrando. Não sem sofrimento, mas com muita alegria também. O inesperado ainda é desconfortável, mas o medo já não me paralisa mais. A impermanência é uma constante. Parei de fingir que ela não existe e aprendi a acolhê-la. Sigo aprendendo. Ora com meus pés bem firmes no chão, ora com minha mente voando como um passarinho no céu.

Referências

BROWN, B. *A coragem de ser imperfeito*: como aceitar a própria vulnerabilidade, vencer a vergonha e ousar ser quem você é. Trad. Joel Macedo. Rio de Janeiro: Sextante, 2016.

ESTÉS, C. P. *Mulheres que correm com os lobos*: mitos e histórias do arquétipo da mulher selvagem. Trad. Waldéa Barcellos. Rio de Janeiro: Rocco, 2014.

FREUD, S. Conferência XXI: O desenvolvimento da libido e as organizações sexuais. In: STRACHEY, J. (Ed. e Trad.). *Edição Standard Brasileira das Obras Psicológicas Completas de Sigmund Freud (Vol. 16)*. Rio de Janeiro: Imago. (Trabalho original publicado em 1917[1916-17]).

HELLINGER, B. *Histórias de amor*. Belo Horizonte: Atman, 2007.

PEREL, E. *Sexo no cativeiro*: como manter a paixão nos relacionamentos. Trad. Adalgisa Campos da Silva. São Paulo: Objetiva, 2018.

10

NEURODESENVOLVIMENTO INFANTIL E SEUS MARCOS

Este capítulo tem por objetivo refletir como o amor, o afeto e os vínculos recebidos na infância fortalecem o hipocampo para a vida adulta. E para que isso aconteça, é necessária a interação com o meio e com os estímulos recebidos dos pais, cuidadores e professores. Só assim a criança vai se nutrindo, se fortalecendo e se desenvolvendo.

PATRÍCIA ZANESCO

Patrícia Zanesco

CRP 08/22430

Psicóloga, pós-graduada em Neuropsicologia e em Desenvolvimento Infantil. Educadora parental em disciplina positiva pela Positive Discipline Association - EUA. Consultora em encorajamento; *Training* - formada por Lynn Lott. Educadora emocional positiva, com inúmeras formações em ABA. Certificada em ESDM - DENVER e PRT pelo Mind Institute e Koegel na Califórnia - EUA. Gestora e supervisora da Clínica de Psicologia da PAZ e Centro de Desenvolvimento Infantil da Paz.

Contato
Instagram: @psicologia_da_paz

Uma criança precisa de amor,
assim como as plantas precisam de água.
Dreikurs[1]

Assim como uma planta precisa de sol, água e solo fértil, o neurodesenvolvimento infantil também acontece por fases e estágios progressivos, com marcos de desenvolvimento. Por esse motivo, ao conhecer o neurodesenvolvimento infantil, podemos oferecer os estímulos necessários e adequados a cada fase.

É pela interação com o meio e com os estímulos recebidos dos pais, cuidadores e professores que a criança vai se nutrindo, se fortalecendo e se desenvolvendo. O hipocampo é diretamente afetado pelo amor, pelo afeto e pelos vínculos estabelecidos e recebidos pela criança.

É desejo de todos os pais e responsáveis que as crianças cresçam saudáveis, sejam independentes, responsáveis e tenham sucesso na vida, porém poucos de nós conhecemos a importância da nossa interação e os estímulos que podemos oferecer.

Segundo Montessori (1965 *apud* Santos & Mateus, 2022),[2] as crianças amam o ambiente em que vivem. Não um amor sentimental como concebemos, mas um amor psíquico, já que elas se formam a partir desse ambiente e para ele, por encontrarem pistas de como devem agir e ser.

Uma atmosfera familiar saudável, alegre e organizada, atenta às necessidades infantis, faz com que as crianças recebam os estímulos necessários para o bom desenvolvimento. Como até os seis anos de idade 90% das conexões cerebrais são desenvolvidas, as condições ambientais contribuem na qualidade dessas conexões.

1 Rudolf Dreikurs, psiquiatra e educador.

2 Maria Montessori, educadora, médica e pedagoga italiana.

O cérebro humano é plástico e tem capacidade de aprendizagem até o fim da vida, com maior pico de desenvolvimento na primeira infância; depois, essa capacidade diminui consideravelmente. As formações sinápticas vão se desenvolvendo em sistemas mais complexos e são fortemente influenciadas pelas relações travadas pela criança.

No processo de desenvolvimento, algumas condições são inatas às crianças, como a autonomia. Por isso, desde pequena, se a criança está inserida em um ambiente que exija dela decisões e consequências, aprende a pensar, analisar e identificar passos que guiarão seu futuro.

Montessori destaca que o potencial de aprender está dentro de cada um. Cabe a nós, enquanto adultos, extrairmos o que já está nelas, estimulando e promovendo manifestações espontâneas e da personalidade das crianças, preparando-as para um amadurecimento social, emocional e intelectual. Sabendo sempre descentrar da figura do adulto.

O mundo em que vivemos necessita de indivíduos que saibam explorar, que sejam despertados pelo interesse na busca de novos conhecimentos, que saibam agir e propor soluções perante situações desafiadoras e lidar com as frustrações, focando em resoluções. A base para isso está na infância.

Na fase de desenvolvimento infantil, as crianças devem compreender o coletivo, como também ter oportunidade de conhecer a si mesmas. Quando os estímulos são centrados no neurodesenvolvimento das crianças, adequados às suas condições, com objetos lúdicos, ambiente adequado a cada idade e recursos acessíveis, a busca ao conhecimento é favorecida, permitindo que os pequenos sejam os próprios construtores desse conhecimento, sendo também responsáveis pela construção do equilíbrio e da felicidade da vida dela.

Muito se fala referente à importância da intervenção precoce em crianças com transtornos do neurodesenvolvimento; realmente fará diferença crucial em sua vida pregressa. Porém, pouco encontramos literatura alusiva aos estímulos desenvolvidos dentro do desenvolvimento típico, e sabemos que, para as crianças com transtornos do neurodesenvolvimento, o estímulo é crucial. E sim, será o chão no qual elas pisarão por toda a vida, "o adubo para deixar o solo fértil".

Quando se pensa em como estimular, muitas vezes se pensa, equivocadamente, que é necessário parar para se ensinar; pelo contrário, a aprendizagem está no caminho para a escola, na hora do banho, no momento das refeições, da troca de roupa, todas excelentes oportunidades para se desenvolver interações e estratégias de aprendizagem.

Ao se planejar experiências que ajudem a desenvolver conexões sociais afetuosas, como a capacidade de fazer contribuições significativas a esses relacionamentos, é sábio considerar os pontos fortes que a criança já tem. Infelizmente, quando paramos para planejar estímulos, tendemos a focar nas dificuldades, porém são os pontos fortes o caminho que leva à interação e ao desenvolvimento de novas habilidades.

Rudolf Dreikurs (1897-1972) nos diz que as crianças malcomportadas são crianças desencorajadas. O que as motiva é o encorajamento (a palavra *encorajamento* tem origem latina relacionada a "coração"). Nelsen (2019)[3] afirma que as crianças que são desencorajadas têm o coração perdido e não se sentem aceitas e importantes. Quando encorajamos as crianças, ajudamos seu coração a ficar forte e, por conseguinte, sua vida adulta também.

A seguir, organizados em ordem progressiva, vamos conhecer os marcos de desenvolvimento esperados em cada fase e quais estímulos podem ser ofertados para potencializar o desenvolvimento.

1º mês

Nasceu, e agora?

O desenvolvimento motor e visual é o aspecto em que mais se observa progressos no primeiro mês de vida e, com a linguagem, o que mais necessita de estímulos. A visão e o movimento dos olhos (movimentos oculares) são estimulados posicionando, ao lado dos olhos do bebê, objetos se movendo a cerca de 20 a 30 cm, distância máxima que a criança consegue enxergar. É importante mencionar que a criança ainda não consegue distinguir cores e profundidade.

Apesar de a fala ainda não estar presente, a "árvore" da linguagem, da comunicação e da interação social já se inicia com os primeiros dias de vida. Assim, nomear os movimentos, as ações e as necessidades das crianças de forma clara é essencial para os progressos nos meses seguintes. Pode-se nomear as partes do corpo na troca e no banho, antecipar as ações que realizará, verbalizando para o bebê.

A interação com o adulto cuidador, o vínculo estabelecido e as respostas às necessidades da criança, como fome, sono, aconchego ou desconforto, são essenciais para o desenvolvimento da segurança dela com o mundo e a vida. Utilizar objetos que produzam sons suaves, conversar com a criança, cantar e ouvir músicas calmas são procedimentos que a ajudarão a começar a entender o mundo ao seu redor.

---

3 Jane Nelsen, autora e coautora da série de livros *Disciplina Positiva*.

Mudar as posições ao segurar o bebê no colo ajuda a firmar a cabecinha. Algumas sugestões: voltado para o corpo, de bruços, virado para a frente, como se fosse uma cadeirinha.

2º mês

Calma, os dias nebulosos estão chegando ao fim.

No segundo mês, além das dicas do primeiro mês, já é possível colocar o bebê de bruços por alguns minutos, repetindo o processo várias vezes durante o dia, respeitando sempre o conforto, estimulando a musculatura do pescoço e dos bracinhos. Pode-se também acrescentar brinquedos ao redor para estimular a lateralidade, visto que os bebês ainda não enxergam de forma nítida.

Como nessa fase o bebê já identifica rostos e presta atenção, é interessante caprichar nas caretas engraçadas e expressões, de modo repetitivo, sempre prestando atenção à reação para reforçar. Dessa maneira, além de ensinar sobre a alegria, também serão priorizadas a interação e as trocas.

3º mês

O pior já passou.

No terceiro mês, a atividade cerebral é intensificada. O sono é essencial nessa fase. As mãos conseguem ficar mais abertas pegando objetos, levando-os à boca e mordendo, porém o soltar ainda é um reflexo. O bebê já tem consciência de seu corpo, consegue identificar a consistência, textura dos ambientes e objetos. Ele segue os pais com os olhos e movimenta a cabeça para os lados, conseguindo sustentá-la. Portanto, é importante estimular a criança deixando-a mais de barriga para baixo, oferecendo objetos com diferentes texturas e dimensões, sempre com supervisão constante.

Para a alegria dos pais, o sono já passa a criar uma rotina, as gargalhadas e sons começam a aparecer. Por isso, demonstrar sons diferentes de animais e objetos e dar voz a brinquedos contribuirão muito para o desenvolvimento da linguagem social.

4º mês

Brincar? Sim. Vamos comemorar.

Agora, já é possível brincar de "cadê?/achou", deixar a criança menos deitada, com apoio para mantê-la sentada, estimulando a atenção. Nessa fase, ela consegue prestar atenção em tudo ao seu redor, procurando objetos caídos e reproduzindo pequenas imitações batendo em objetos.

A atração nessa etapa são os pés, e não tem imagem mais linda do que a de um bebê com os pezinhos na boca. As mãos já trabalham juntas para pegar, mover e sacudir um brinquedo. Tudo o que chama atenção, a criança tende a pegar. Como o movimento de rastejar também se inicia, é necessário que os cuidados sejam redobrados para evitar acidentes. Estimule a rolar, mesmo que ainda não possua habilidade.

5º mês

Um pequeno cientista.

Nessa fase, a criança é capaz de perceber quando é chamada pelo nome, reconhecer expressões de desagrado, medo e "bravo", também as usando para expressar seus sentimentos. Sua visão está mais desenvolvida, procura a mãe e observa se os brinquedos estão perto ou longe. A experiência dos objetos à boca torna-se rotineira.

A experiência de exploração dos ambientes tende a se ampliar, pois consegue rolar de um lado para o outro; de barriga para baixo, sustenta a cabeça e ergue os ombros se apoiando nos antebraços; quando segurada pela cintura, consegue ficar em pé e estende os braços para ser pega.

Para estimular o bebê a se sentar, segure-o pelos braços ou axilas e puxe levemente para a frente. Faça isso numa superfície macia e firme. No início, deixe almofadas ao lado e, conforme ele se firmar, poderá se sentar sem apoio. Deixe brinquedos na frente e aumente um pouco a distância para estimular o bebê a projetar o tronco para a frente e exercitar o equilíbrio.

Nesse período, o reconhecimento da autoimagem deve ser estimulado, colocando-o para brincar na frente do espelho. As "raízes da árvore" da linguagem tornam-se mais profundas, os sons passam a se tornar mais claros, o aperfeiçoamento da linguagem acontece. O bebê pode usar as vogais A, E, U e as consoantes D e B, vocalizando para ele mesmo ou para os brinquedos, também já consegue usar da linguagem quando tenta interagir com os pais.

Por isso, converse com a criança a todo momento, narrando tudo o que está fazendo, escute e repita os balbucios que faz para ela mesma, cante e dance. Esses são "adubos" fortalecedores para a "árvore da linguagem", que está em pleno desenvolvimento.

6º mês

Um pequeno gênio.

Os encantos durante as interações com o pai, a mãe e os irmãos se destacam pela inteligência, raciocínio e relacionamento social do bebê. Ele consegue reconhecer os rostos de outras pessoas familiares e não gosta de ficar sozinho, chora quando está desconfortável e ri quando contente.

Os melhores estímulos se concentram em dar oportunidades para o desenvolvimento, pois o bebê já se vira sozinho, senta-se com apoio de travesseiros e almofadas e passa os objetos de uma mão para outra, chuta, se balança, se inclina, arranha, bate, de modo rítmico e repetitivo. O treino para engatinhar se inicia.

A linguagem está em pleno desenvolvimento e a criança passa bastante tempo balbuciando, emitindo sons, formando sílabas repetidas. Novas consoantes surgem, como Z, F e T. É importante que as frases no diminutivo não sejam mais usadas e a pronúncia das palavras pelos pais seja muito clara.

7º mês

O "senhor raiva" apareceu.

O bebê fica mais irritado com fome, sede, frio ou calor. Não gosta de luz forte, ruídos ou música alta, nem de televisão com volume mais elevado. Vale lembrar que as crianças não devem ser expostas ao uso de telas antes dos dois anos de idade, segundo a Sociedade Brasileira de Pediatria.

Tende a sentir muita falta da mãe quando ela não está por perto, começa a se interessar por brincadeiras com outras crianças, presta atenção em duas pessoas ao mesmo tempo e pode mudar de humor com muita facilidade.

Faz bom contato visual e escuta atentamente quando se fala com ele. Consegue se sentar sozinho e se inclina para pegar objetos que estejam à frente, apoiando as mãos no chão para não se desequilibrar. Com o passar do tempo, vai ganhando confiança e passa a ficar sentado com a coluna reta, sem precisar de apoio. Passa a se divertir com os sons que ele mesmo faz e começa a compreender os significados das palavras "sim" e "não".

O bebê tende a morder tudo o que pega nas mãos. Logo, os brinquedos mais indicados são os de pano, borracha ou plástico rígido, facilitando que ele segure, morda e bata. Os brinquedos não devem ser deixados perto; deve-se colocar afastados a fim de que se esforce para conseguir pegá-los.

Tende a gostar muito de água, por isso deixá-lo brincar em dias quentes fará com que tenha melhor noite de sono e possa ficar mais tranquilo. Estimule brincando de imitar, de dar *tchau*, bater palmas e cantar *parabéns*.

8º mês

Um pequeno explorador surge.

Nessa fase, a criança já consegue ficar em pé se segurando nos móveis, abrindo gavetas e armários para desvendar o que tem dentro.

Chega a hora que os pais, ao se afastarem dos bebês e deixarem sob o cuidado de outras pessoas, farão bem para eles. Ao dar essa oportunidade, permite-se que o bebê desenvolva a confiança e o ajuda na formação de outros vínculos, o que será essencial para a interação social posterior.

Nessa idade, ele consegue perceber do que gosta e não gosta, fica ansioso pela separação com os pais e as emoções ficam mais evidentes. Já é capaz de perceber o significado de algumas palavras e seus balbucios passam a fazer mais sentido; passa a falar: "papa", "mama", dentre outras.

Permita que a criança possa explorar, organize os espaços favorecendo o deslocamento e criando espaços seguros. Evite o *não*, mostre o *sim*, ou seja, o que a criança pode fazer e pegar. Comemore cada progresso, assim a encorajará a fazer mais.

9º mês

O bebê já sabe o que quer.

Quando quer alguma coisa, mostra determinação e reage ao *sim* e ao *não*, responde ao próprio nome e busca objetos que foram escondidos. Consegue se reconhecer no espelho e diferencia os termos: "pequeno", "grande", "longe" e "perto".

O movimento de pinça aparece, conseguindo pegar objetos com o polegar e o dedo indicador. Aliás, o dedo indicador é o melhor explorador, consegue apertar botões, apontar o que quer, rabisca espontaneamente e consegue segurar a mamadeira sozinho. Pequenos passinhos com apoio nos móveis, movendo-se para os lados surgem.

A "árvore da comunicação" está ficando cada vez mais forte e espera-se que fale de uma a três palavras, dirigindo-se aos adultos com gestos e vocalizações; consegue ver um cachorro e fazer "au-au" e, para o gato, "miau".

Assim, estimular as trocas na interação da fala, bem como com objetos, já é possível, já que são bases para o desenvolvimento da atenção.

Uma forma de estimular o bebê a engatinhar é colocar obstáculos fáceis como uma almofada ou as pernas no caminho entre ele e o objeto de desejo. Ao tentar ultrapassar, ele fortalece os bracinhos e as costas para sustentar o corpo ao engatinhar – lembrando que engatinhar não é considerado um marco de desenvolvimento, pois alguns bebês podem "pular" essa fase.

10º mês

Um bebê escalador e tagarela aparece, trazendo a personalidade. Agora, o bebê já não se contenta mais em apenas abrir e fechar as gavetas, ele precisa tirar e colocar coisas nelas. Começa a perceber que seus gestos chamam mais a atenção dos adultos e passa a fazer isso mais vezes. A imitação aos adultos surge com pequenos gestos, bem como tende a jogar os brinquedos no chão para explorar os movimentos e sons, esperando que o adulto pegue, promovendo interação.

Já começa a ficar em pé sem apoio, ainda por vezes caindo de bumbum, tenta subir sozinho em uma cadeira ou sofá. Por isso, colocar objetos do interesse da criança em cima de lugares seguros e auxiliar a subir pode ser tudo o que ele precisa para se encorajar. Oferecer uma colher para que experiencie o comer sozinho é muito valioso.

A "árvore da linguagem" passa a ganhar galhos, olha na boca das pessoas enquanto falam, imitando sons, já consegue fazer entonações e fala muito, apesar de ainda não ser compreensível. Aqui é possível se estimular o *conceito de um*, colocando vários brinquedos à frente e pedindo que pegue apenas um. Estimular perguntando por alguém e solicitando que aponte onde está, ensinando o nome, é importante.

11º mês

O objeto de apego pode surgir.

Nesta fase, a criança tenderá a se apegar a um urso ou objeto macio. O andar deve ser estimulado; preparar o ambiente e deixar a criança descalça ou com meia antiderrapante para que possa sentir e firmar os pezinhos auxiliará nesse processo. Ela já consegue ficar em pé por alguns segundos sem apoio. Algumas crianças começam a dar os primeiros passos, mas fique tranquilo(a), não trata-se de uma regra; as crianças levam até dezoito meses para caminhar;

portanto, estimular é fundamental. Lembre-se de que andadores não são aconselhados, e sim empurrar uma cadeira ou brinquedos apropriados para essa estimulação. Nessa etapa, a criança consegue também tirar os próprios calçados e meias, e já ajuda na troca de fraldas; brincar de empilhar deve ser estimulado.

E a "árvore da comunicação" aumenta os galhos, entende comandos simples como, por exemplo, "me dá a bola", "pega aquele brinquedo", "cadê a mamãe?". Os conceitos de "aqui"/"ali" e "perto"/"longe" começam a ser compreendidos. Fala de duas a cinco palavras entendendo o significado.

Deixa de levar os objetos à boca, pois agora o tato já é suficiente. Brinca próximo, mas ainda não junto a outras crianças.

12º mês

E chegou o primeiro ano do bebê. Parabéns, quantos progressos!

Parece passar tão rápido... Aqui vale lembrar o quão veloz é a infância e quão preciosos são os estímulos recebidos que serão o "chão" que a criança pisará por toda vida.

No primeiro ano, já pode começar a apresentar preferência por uma das mãos, porém essa definição virá bem mais tarde. Gosta de cores vivas e diferencia as diversas tonalidades. Já sabe brincar de pegar e devolver a bola. Pode levantar-se para ficar em pé e dar alguns passos sozinho, mesmo que ainda inseguro, consegue manejar a colher, ainda não dominando seu uso, ajuda a se vestir, dando a mão ou o pé, sobe e desce escadas engatinhando, consegue acender e apagar a luz.

Brinquedos de corda são a atração do momento. Para que possa arrastar, ofereça um pote para a criança tirar e colocar objetos, estimulando também a abrir e fechar o pote. O amor pelos livros pode ser desenvolvido aqui, contando histórias e pedindo para apontar as figuras, ofereça também papel para rasgar e amassar.

Fique ligado(a) aos sinais de alerta e procure ajuda especializada se com 18 meses a criança ainda não estiver caminhando, falando ou interagindo apropriadamente com as pessoas. A intervenção precoce é fundamental para o desenvolvimento dos atrasos.

2 anos

A lenda da fase terrível é verdadeira.

Ao chegar aos 2 anos, a criança já caminha, fala pequenas frases, busca pela interação, consegue subir e descer escadas, constrói torres com blocos, sobe em cadeiras para pegar o que precisa, encaixa peças de um quebra-cabeça com poucas unidades, arruma os brinquedos, consegue virar as páginas de um livro, abrir e fechar a porta usando a maçaneta, andar para trás, correr sem cair, pular e chutar uma bola. Sua "árvore da fala" já ganhou folhas, pois, na chegada dos dois anos, consegue descrever/narrar brevemente acontecimentos da vida.

Ajude a continuar os progressos utilizando brincadeiras com música como, por exemplo, tambor de lata e violão de caixa, ou com brinquedos musicais, montando quebra-cabeça com peças grandes. Incentive a brincar de separar brinquedos por cor, brincando de boliche, jogando bola; deixe a criança inventar a brincadeira, e saiba respeitar as invenções. Ensine a se vestir sozinha. Leia livros com ela. Brinque de cabaninha e saiba ser um bom ouvinte.

Saber ser um bom ouvinte e incentivador fará com que os terríveis e temidos 2 anos não sejam tão terríveis e temidos assim, pois nessa fase a criança tende a ser imperiosa e mandona.

Dos 2 aos 3 anos de idade, com a descoberta do controle dos esfíncteres, a fase na qual a criança passa a não usar mais as fraldas, vem junto um prazer ao se opor. Sim, os pais são testados nessa fase, saber agir e não reagir auxiliará no desenvolvimento do controle emocional da criança.

A autonomia vai aumentando, crescem as capacidades da mente, ampliam-se os movimentos, incrementa-se a linguagem e, sobretudo, a consciência de si mesma. A ansiedade da separação também contribui para as explosões emocionais. Logo, oferecer segurança e limites seguros auxilia a diminuir as inseguranças.

3 anos

Imitadores de adultos surgem.

Esta é a fase em que as crianças descobrem e imitam o mundo à sua volta. O brincar de faz de conta, como: casinha, médico, supermercado ou outras situações que refletem a vida real, a imitação e o teatro fazem parte do repertório das crianças, assim como o brincar em conjunto de outras crianças. Meninos brincam de lutar (sem ser estimulados para isso) tanto com um galho de árvore como com uma espada de super-herói. Para brincar de mamãe e filhinha, as meninas conseguem transformar duas pedrinhas. A imaginação e a fantasia são muito férteis.

Na escola, o currículo escolar deve ser planejado com tempo livre para o brincar simbólico, por meio do lúdico, com brincadeiras livres e estruturadas; os conteúdos devem ser aplicados. O ensino do português começa com jogos, teatros e jogos de papéis. Da matemática, com jogos e brincadeiras. Da arte, com brincadeiras de construção. Da educação física, com brincadeiras sensório-sociais.

4 anos

Bons comunicadores já estão aqui.

A "árvore da linguagem" já passa a ganhar flores. Com o aprendizado constante de palavras, a criança já consegue se comunicar claramente com outras pessoas. Nessa fase, as birras diminuem pelo aumento de vocabulário, com o qual conseguem se expressar melhor. É importante o adulto estimular a criança a expressar as emoções em diferentes situações para o desenvolvimento da inteligência emocional.

O desenvolvimento motor está se lapidando; o equilíbrio permite andar de bicicleta, correr e escalar objetos.

5 anos

A idade dos porquês chegou. Que alegria!

A curiosidade permeia essa fase, visto que a criança está tentando entender como as coisas funcionam. Não se canse de responder aos intermináveis porquês e estimule a pesquisar em livros e tecnologias. Eu sei que ela ainda não sabe escrever, hoje nossos aparelhos de celulares atuam por comando de voz. Além de nutrir o cérebro da criança, você estará ensinando a fazer bom uso das tecnologias.

Dos 6 aos 12 anos

Já estamos aqui, não vi o tempo passar!

A última idade em que é possível observar os marcos de desenvolvimento acontece aos 6 anos. É esperado que as crianças, além de estarem adaptadas às atividades da vida, consigam ter autonomia para desempenhá-las.

A "árvore de desenvolvimento" da linguagem continua o progresso por toda a vida, porém, até os 6 anos de idade, ela precisa estar consolidada. Tudo o que a criança aprendeu até então passa a ter um sentido de ordem, em função do desenvolvimento racional. Ela usa as informações adquiridas e as processa para explicar o mundo, sendo capaz de responder aos porquês, ao como e ao quando sobre a realidade, passando a ter mais interesse pelas questões morais. Aqui, já é capaz de sair do imediatismo que vivia até então e fazer uso de um universo mais abstrato para pensar, explorar, planejar, pesquisar e questionar. Auxiliá-la na exploração desse universo, ajudando-a a encontrar alternativas, a tornará uma pessoa crítica e atuante em seu contexto.

A necessidade de um grupo para trabalhar de forma colaborativa surge, bem como o desenvolvimento da responsabilidade. Agora, ela já é capaz de se comprometer com algumas obrigações. Confiar nela fará com que desenvolva confiança em si mesma. Essa também é a etapa dos ídolos e heróis. As mudanças físicas, apesar de menos aparentes que as vistas até então, são muito importantes; a dentição permanente e o desenvolvimento da força são características.

Essa é a fase em que a nossa melhor forma de estimular é ser exemplo; sobrecarregar a criança com muitos estímulos, muitas atividades e informações não a auxiliará, mas sim a podará de encorajar-se para a vida. É nosso papel motivar e plantar "boas sementes", instigando conhecimento e ajudando-a a pensar. É preciso saber promover um ambiente afetuoso e encorajador, que seja atento às necessidades dela, fortalecendo, incentivando a autonomia e potencializando as relações sociais.

Neste capítulo, falei de plantas, árvores e flores com a intenção de voltar olhares para o solo e as escolhas das sementes. Metaforicamente, o solo é o ambiente; as sementes são o amor, a aceitação, o afeto e as conexões. Que possamos cultivar e apreciar, pois não há nada mais glorioso e magnífico do que o desenvolvimento.

Referência

SANTOS, L. A. de S.; MATEUS, J. C. *A importância da teoria montessoriana para o desenvolvimento da autonomia da criança*. Trabalho de Conclusão de Curso (Licenciatura em Pedagogia) – Instituto Federal Goiano, Iporá, 2022.

11

CORREGULAÇÃO EMOCIONAL

Como as crianças ainda não possuem a maturidade neurológica necessária para se autorregularem emocionalmente, cabe aos pais oferecerem acolhimento a fim de ajudar nesse processo. Crianças acolhidas em situações de estresse emocional sentem-se pertencentes e conectadas com seus pais, o que aumenta a autoestima e propicia estabilidade interna para lidar com conflitos e relacionamentos no futuro.

MARIANA LIMA

Mariana Lima

Psicóloga especialista em Neurodesenvolvimento Infantil e Educação, pela PUC-RS, com MBA em Gestão Estratégica de Pessoas. Certificação internacional em *Professional & Self Coach, Kid Coach*, educadora parental, com formação em Disciplina Positiva na Escola e na Sala de Aula pela Positive Discipline Association (PDA-USA), coautora de diversas obras. Autora do *Educação consciente: caderno de atividades,* para crianças aprenderem a educação consciente brincando, pela Literare Kids. Autora do livro *Maternidade positiva* e do livro infantil *O borboletário da calma*. Coordenadora editorial do livro *Educação consciente* - vol 1, pela Literare Books International. Realiza cursos, palestras e workshops sobre educação consciente e positiva.

Contatos
www.educarconsciente.com.br
contato@educarconsciente.com.br
Instagram: @educarconscienteoficial

É importante que nós, pais e profissionais, tenhamos conhecimento sobre neurociência para lidar melhor com a infância e a adolescência. É comum vermos pais deixando crianças de castigo após uma crise de birra ou tentando argumentar que ela fez errado, não sendo o momento de agir daquela forma.

"Ora, mas o que há de errado em colocar a criança de castigo? Ela precisa aprender o que é certo e não fazer mais coisas inaceitáveis, senão vai crescer como um delinquente e a vida vai ensinar". Poderíamos ter um livro inteiro sobre esse tema, mas vamos explicar, de uma vez por todas, por que o castigo não é adequado para as crianças.

O autocontrole emocional, também chamado de regulação emocional, acontece no sistema límbico cerebral, um conjunto de estruturas localizado no cérebro dos mamíferos, abaixo do córtex, responsável por todas as respostas emocionais do nosso corpo.

Os bebês nascem com o cérebro a todo vapor. Até os 2 anos, podemos dizer que ocorrem mais sinapses cerebrais do que toda a vida. Logicamente, a criança que está vendo e aprendendo as coisas pela primeira vez tem informações em excesso sendo processadas no campo neurológico.

Na imagem a seguir, podemos ver as sinapses acontecendo ao longo da infância até a adolescência, o ápice de conexões cerebrais acontece no segundo ano de vida, e vemos que ao seis anos ainda há muita conexão se formando.

Desenvolvimento do cérebro de uma criança

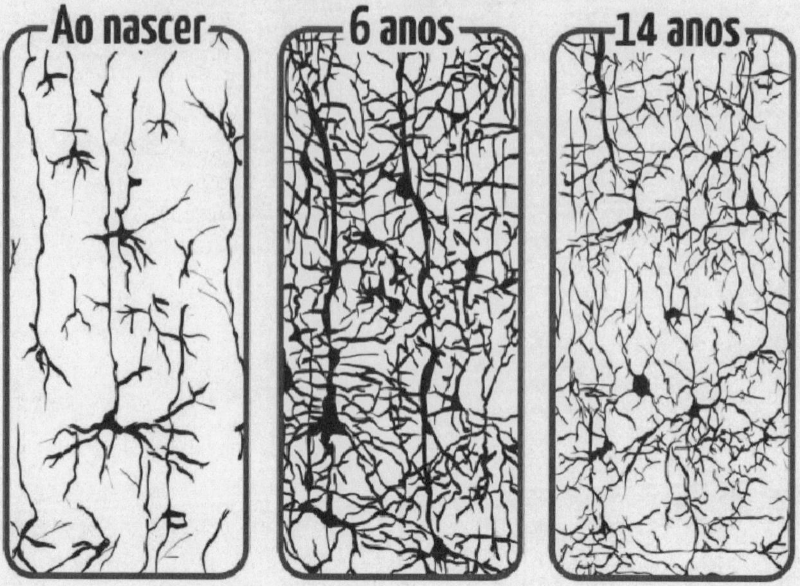

Figura 1. Mapas das conexões sinápticas ao nascimento; com 6 e aos 14 anos de idade. Fonte: Nogueira-de-Almeida *et al.* (2022 *apud* Esteves, Gonçalves & Santos, 2023), p.12. Adaptado de *Rethinking the Brain*. Families and Work Institute. Rima Shore (1997)

O cérebro infantil se desenvolve primeiro na parte posterior, atrás da nuca, onde se encontram estruturas responsáveis pelo equilíbrio, audição, visão, compreensão da linguagem, ou seja, o que ela precisa para a sobrevivência. A criança precisa escutar barulhos e enxergar o perigo para que possa se defender, aprender a andar e correr para fugir dos perigos. É somente após a expansão desses processos que o córtex pré-frontal começa a se desenvolver.

O córtex pré-frontal fica atrás da nossa testa e é responsável pelas funções executivas: raciocínio lógico, planejamento, comportamento (emoções), tomada de decisão e expressão da personalidade. Essa estrutura começa a se desenvolver aos três, quatro anos e fica completamente madura em torno de 25 anos de idade.

Como a criança está em processo de maturação cerebral, deveria ser óbvio entender que ela não consegue lidar com situações emocionais, certo? Sim, mas percebemos que, para o senso comum não é nada óbvio; afinal de contas, vemos muitas situações absurdas de maus-tratos, bate-boca entre uma mãe e um bebê de dois anos, entre outras ocorrências.

Vamos a um exemplo prático: você está diante de um leão feroz e alguém do seu lado (que está seguro dentro de um carro) grita: "Fique tranquilo que ele é manso". Conseguirá absorver o que essa pessoa disse ou vai fugir com todas as suas forças até se sentir em segurança?

É exatamente nesse momento em que se vê diante do leão que o seu cérebro emocional está "tomado" e não adianta o que qualquer pessoa fale, é instintivo, a sobrevivência vem em primeiro lugar. Seu corpo produz adrenalina e bombeia sangue para as extremidades (braços e pernas) para que possa correr ou fugir. Este é o famoso: LUTA ou FUGA que nosso "cérebro primitivo" ativa quando se vê em perigo.

Imagine que você, adulto, está tranquilamente preparando o jantar quando seu filho de dois anos começa a jogar tudo no chão e fazer uma birra homérica porque está com fome e quer comer AGORA. O seu cérebro adulto e maduro consegue se autorregular emocionalmente para manter a calma e entender que seu filho está com fome e não dá conta de esperar por uma questão de maturidade neurológica. Seu filho está tomado pelas emoções, e essa é a mesma situação do leão de que falamos no parágrafo anterior, o cérebro dele está no modo primitivo de *luta* ou *fuga*.

Você acha que a criança nessa situação vai entender sua argumentação de que não precisa ficar bravo, pode manter a calma que o jantar está quase pronto? Pois é, aí que entra o grande mal-entendido na educação, pois os adultos esperam que as crianças escutem e se acalmem porque não há lógica em agir como um serzinho selvagem só porque quer comer a carne crua e sabemos que não pode.

A criança não está em sã consciência, ela não raciocina no momento de *luta* ou *fuga*. A situação emocional é complexa demais para que ela compreenda, então precisa que você, adulto, a ajude a lidar com a situação. A ajuda não é explicar que o jantar vai ficar pronto "já, já", mas sim acolhê-la, abraçar, ser abrigo para seu corpinho que não consegue se controlar sozinho.

É claro que cada criança se acalmará de uma forma diferente; uma aceita abraço, outra não quer receber contato físico. No meu caso, por ser mãe de gêmeos, tive a experiência de lidar com cada um de uma forma, pois as necessidades são diferentes. Um deles não queria abraço; eu dizia a ele que estava ali ao seu lado, não saía de perto e me mantinha disponível, dizia palavras com tom calmo como, por exemplo, "Mamãe entende que você está com fome, que está bravo", "Eu já me senti assim também" (na última frase, podemos demonstrar empatia).

No momento de estresse emocional, a criança se sente sozinha, como se experienciar a raiva fosse anormal. Demonstrar empatia e validar o sentimento da criança a ajuda a se acalmar e perceber que não há problema em sentir raiva, "pois se até minha mãe e meu pai sentem, então deve ser normal".

Os pais e cuidadores das crianças muito provavelmente não tiveram educação emocional em casa, o que gerou um comportamento de repetição na criação dos filhos. Reproduzimos aquilo que aprendemos em nossa infância. Como as informações sobre a educação emocional ou parentalidade são temas novos, a desinformação é grande. Com isto, as crianças seguem aprendendo a lidar com situações emocionais de forma violenta, com punição e estresse.

Quando a família busca o conhecimento para educar os filhos, quebra-se o ciclo, a educação passa a ser de forma respeitosa e de acordo com o funcionamento do cérebro infantil e do adolescente. No entanto, para que isso aconteça de modo equilibrado, é necessário que todos que fazem parte da educação estejam alinhados no conhecimento.

Sem entender o processo emocional, o adulto coloca muita expectativa na criança e no adolescente sem saber como funcionam os mecanismos neurológicos internos. Veja exemplos de expectativas irreais dos pais:

- Esperar que um bebê de 2,5 anos lide com a frustração sozinho durante dois minutos no cantinho do pensamento.
- Achar que ignorar uma criança de 3 anos que não consegue parar de chorar a fará aprender a não criar caos em casa.
- Querer que a criança raciocine que agiu mal enquanto está em crise de birra;
- Desejar que a filha de 3 anos esteja pronta para o desfralde assim como os colegas de sala, somente porque a professora insiste que está na hora de tirar as fraldas.
- Esperar que seu filho de 5 anos entenda que, como estão atrasados para reuniões importantes do trabalho e para chegar à escola, agilizará colocando o uniforme nele de forma rápida.
- Querer que o bebê coopere e não jogue os brinquedos no chão.
- Achar que o sermão adianta para que a filha adolescente entenda de uma vez por todas que precisa fazer as tarefas de casa.

Além dessas situações, poderia enumerar mais centenas de expectativas irreais que pais têm sobre os filhos e, frustrados, entram em meu consultório querendo uma solução de prateleira para que tenham mais paz e estabilidade nas rotinas exaustivas.

Pais como correguladores emocionais dos filhos

Primeiro, a criança precisa de ajuda para se regular emocionalmente (equilibrar suas emoções). Os pais entram neste papel de corregulação (ajudando a criança a se autorregular) até que, com desenvolvimento cerebral ao longo da infância/adolescência, ela possa ter controle de suas emoções e se autorregular.

Os pais ou cuidadores são os adultos responsáveis por cuidar e proteger a criança. Como dito anteriormente, adultos conseguem acessar as funções executivas, as crianças não. Elas precisam de ajuda para que possam se regular emocionalmente.

Imagine que seu córtex pré-frontal seja "emprestado" de forma a conduzir essa criança a também se organizar internamente, sendo acolhida até que toda carga emocional tenha sido externalizada. A criança nesse momento se sente validada, pertencente e aceita, e pode voltar ao estado de regulação.

É importante, aqui, sempre fazer perguntas necessárias, como:

"Você agora quer me contar como aconteceu?"
"Como está se sentindo?"
"O que poderia ter feito diferente?"
"Como pode resolver este problema da próxima vez?"

A criança que acessa o raciocínio lógico é capaz de pensar sobre o que aconteceu. Porém, ela conseguirá chegar a esse estado quando estiver calma e relaxada, após passar a crise de raiva ou birra.

O papel dos pais e cuidadores é fundamental para que a criança tenha êxito na alfabetização emocional e comece a conectar aprendizados importantes como autorresponsabilidade, disciplina, planejamento, autonomia, entre outros, para usar no decorrer da vida.

Referências

ESTEVES, P. E. C. C.; GONÇALVES, P. W.; SANTOS, B. L. dos. 342 dias para aprender ciências naturais: uma pequena janela de oportunidade para estudantes de 6 a 14 anos. *Terræ Didatica*, 19 (Publ. Contínua), p. 1-13, e023036, 2023. Disponível em: https://www.researchgate.net/publication/377141474_342_dias_para_aprender_Ciencias_Naturais_uma_pequena_janela_de_oportunidade_para_estudantes_de_6_a_14_anos. Acesso em: 21 out. 2024.

SALLES, J. F.; HAASE, V. G.; MALLOY-DINIZ, L. F. *Neuropsicologia do desenvolvimento*: infância e adolescência (Série: Temas em Neuropsicologia). Porto Alegre: Artmed, 2016.

SIEGEL, D.; BRYSON, T. *O cérebro da criança*: 12 estratégias revolucionárias para nutrir a mente em desenvolvimento do seu filho e ajudar sua família a prosperar. 1. ed. São Paulo: nVersos, 2015.

12

SUPERANDO DESAFIOS

ESTRATÉGIAS PARA UMA ADAPTAÇÃO ESCOLAR BEM-SUCEDIDA

Descubra como transformar a adaptação escolar do seu filho em uma experiência positiva e enriquecedora com dicas práticas e *insights* valiosos de especialistas. Este capítulo oferece um guia completo para mães que desejam apoiar os seus filhos durante essa importante transição, fortalecendo a parceria entre família e escola, para garantir o sucesso e o bem-estar das crianças.

ELIANA MELLO

Eliana Mello

Formada em Pedagogia, pela Universidade Paulista (UNIP), com especialização em Neuropsicopedagogia, pela Faculdade Metropolitana, atualmente é diretora de escola de educação infantil. Certificada em Educação Parental pela Educar Consciente e pós-graduanda em Neurociência Parental, pela Faculdade Unyleya. Facilitadora de cursos da Universidade da Família (UDF) e certificada como facilitadora do Programa Famílias Fortes, adaptação cultural e implementação da versão do programa Strengthening Families Program (SFP), desenvolvida pela Oxford Brookes University, do Reino Unido. É esposa, mãe e recentemente avó. Apaixonada pela educação, acredita que a conexão familiar e a parceria entre família-escola são a base para a construção de um futuro brilhante para as nossas crianças.

Contatos
www.institutoconectaep.com.br/elianamelloeduc
elianamello.educ@gmail.com
Instagram: @elianamello.educ

A participação ativa dos pais é crucial para superar os desafios enfrentados pelas crianças no ambiente escolar, promovendo uma adaptação mais harmoniosa e eficaz.

Vitor Paro

Ser mãe é uma jornada repleta de alegrias e desafios. Entre as muitas fases dessa jornada, a adaptação escolar de nossos filhos destaca-se como um momento crucial e muitas vezes delicado. É normal sentir-se ansiosa e preocupada com essa transição, mas saiba que você não está sozinha. Este capítulo foi escrito pensando em você, mãe, que deseja o melhor para seu filho e busca informações que possam tornar essa experiência mais tranquila e positiva.

Compreendendo a adaptação escolar

A adaptação escolar é o processo pelo qual a criança se ajusta a um novo ambiente educacional, envolvendo a familiarização com novos professores, colegas, rotinas e regras. É um período que pode influenciar significativamente o bem-estar emocional, social e acadêmico da criança. Como destacou John Bowlby (1969), psicólogo e psiquiatra britânico: "A qualidade das primeiras experiências escolares pode afetar profundamente o futuro desenvolvimento da criança".

Esse período de transição pode variar em duração e intensidade, dependendo de vários fatores, como a personalidade da criança, seu histórico escolar anterior, o apoio da família e a receptividade da escola. Durante a adaptação, é comum que as crianças experimentem uma série de emoções, incluindo ansiedade, medo e euforia.

Os principais objetivos da adaptação escolar são garantir que a criança se sinta segura e acolhida no novo ambiente, desenvolva relacionamentos positivos com colegas e professores, e se ajuste às novas expectativas e rotinas escolares. A colaboração entre família e escola é essencial para facilitar esse processo e promover uma transição favorável para a criança.

O papel dos pais na adaptação escolar

A adaptação escolar é um período de transição determinante não apenas para as crianças, mas também para suas famílias. Os primeiros dias e semanas na escola são marcados por uma mistura de sentimentos, tanto para os pequenos quanto para os pais. É um momento em que a colaboração e o envolvimento dos pais se tornam fundamentais para garantir que as crianças se sintam seguras em um ambiente novo e desconhecido. Estudos mostram que o engajamento dos pais está positivamente correlacionado com o desempenho acadêmico e o bem-estar emocional das crianças (Henderson & Mapp, 2002).

Imagine levar seu filho para a escola pela primeira vez. A mãozinha dele segurando a sua com força, os olhos arregalados diante de um lugar cheio de rostos desconhecidos. Esse momento pode ser assustador para muitos pequenos, e é aí que o papel dos pais se torna indispensável. Como pais, precisamos ser os primeiros a acalmar os medos, a incentivar a curiosidade e a estabelecer a segurança.

No processo de adaptação escolar, os pais atuam como pilares emocionais, oferecendo conforto e estabilidade. Sua presença e apoio contínuos são essenciais para que as crianças construam uma base sólida de confiança e independência. Através de estratégias simples e intencionais, os pais ajudam a suavizar a transição e a reduzir o estresse dessa nova fase.

Além disso, os pais também desempenham um papel vital na comunicação com os educadores, colaborando para criar um ambiente escolar mais acolhedor. Esse envolvimento não só facilita a adaptação da criança, mas também fortalece a parceria entre a família e a escola. Portanto, nessa jornada é importante lembrar que a participação ativa dos pais pode transformar esse período desafiador em uma experiência positiva e enriquecedora para as crianças.

Principais desafios da adaptação escolar

Os desafios da adaptação escolar podem variar, mas frequentemente incluem ansiedade de separação, dificuldades em estabelecer novas amizades e adequação às normas escolares. De acordo com Bossa (2000), "a ansiedade de separação é um dos principais obstáculos enfrentados pelas crianças ao ingressarem na escola, especialmente na educação infantil". Além disso, as mudanças no ambiente e nas expectativas podem gerar insegurança e resistência.

Alguns dos principais desafios que as crianças enfrentam nesse processo incluem:

1. Ansiedade de separação

Muitas crianças, especialmente as mais novas, experimentam ansiedade de separação quando começam a frequentar a escola. A separação dos pais pode causar medo e insegurança, resultando em choro e resistência a ir para a escola.

2. Novas rotinas e regras

A transição para a escola envolve a adaptação a novas rotinas diárias e a conformidade com regras e expectativas diferentes daquelas com as quais estão acostumadas em casa. Isso pode ser desafiador para crianças que ainda estão desenvolvendo habilidades de autocontrole e disciplina.

3. Interação social

Estabelecer novas amizades e interagir com colegas desconhecidos pode ser intimidador. Crianças mais introvertidas ou tímidas podem ter dificuldades em se integrar socialmente, o que pode afetar sua experiência escolar.

4. Mudança de ambiente

A mudança de uma escola para outra, especialmente em casos de realocação geográfica, exige que a criança se ajuste a um ambiente totalmente novo. Cada região possui a sua própria cultura e cada escola seu modo de funcionamento, o que pode ser amedrontador para a criança.

5. Desempenho acadêmico

A pressão para se sair bem na escola desde o início pode ser uma fonte de estresse. Crianças que não estão familiarizadas com o currículo ou que têm dificuldades de aprendizagem podem achar esse ajuste especialmente difícil.

6. Relacionamento com os professores

Desenvolver um relacionamento positivo com os novos professores é essencial para o bem-estar da criança. No entanto, esse vínculo nem sempre é imediato e pode exigir tempo e esforço para ser estabelecido.

7. Expectativas familiares

As expectativas dos pais em relação ao desenvolvimento e comportamento da criança podem acrescentar uma camada adicional de pressão. A criança pode sentir a necessidade de atender às expectativas, o que pode aumentar a ansiedade e o estresse.

8. Dificuldades emocionais e psicológicas

Questões emocionais e psicológicas preexistentes, como timidez extrema, ansiedade generalizada ou dificuldades de atenção, podem ser agravadas durante o processo de adaptação escolar.

9. Dependência emocional e insegurança

Crianças inseguras tendem a sentir mais ansiedade ao enfrentar novas situações, o que pode afetar a autonomia e independência da criança. A segurança é a base sobre a qual a criança constrói sua confiança para explorar o mundo e aprender. Forçar a independência antes que a criança se sinta segura no novo ambiente pode afetar a autoestima e dificultar a adaptação.

10. Dores dos pais

É importante que os pais se lembrem da sua própria jornada de adaptação escolar, a história de separação de seus pais e as escolas que frequentaram. Quais sentimentos essas lembranças lhes remetem? Muitas vezes, as dores dos pais vêm à tona quando chega a hora dos filhos, mas nem sempre essa dor é do filho mesmo.

Dicas para superar os desafios da adaptação escolar

1. **Preparação antecipada**: antes mesmo do primeiro dia de aula, comece a preparar seu filho para a nova rotina. Faça uma visita à escola, mostre os locais importantes, como salas de aula, pátio e, se possível, apresente-o

aos futuros professores. Essa familiarização inicial pode reduzir significativamente a ansiedade.

2. **Estabeleça uma rotina consistente**: as crianças se sentem mais seguras quando sabem o que esperar. Crie uma rotina diária que inclua horários regulares para acordar, se alimentar, brincar e dormir. Isso ajuda a criança a se adequar à estrutura escolar.

3. **Seja positiva e encorajadora**: fale positivamente sobre a escola e as novas experiências que seu filho vivenciará. Mostre entusiasmo e confiança ao deixar seu filho na escola; assegure-se de que ele sente seu apoio. Faça despedidas curtas e tranquilas, evitando prolongar o momento de separação, pois ele se espelha em suas reações emocionais.

4. **Horário reduzido**: introduzir o horário reduzido para os primeiros dias de aula pode ser uma estratégia eficaz. Isso permite que as crianças se acostumem gradualmente ao ambiente, diminuindo a ansiedade e facilitando a transição para a carga horária normal.

5. **Superando os desafios comuns**: esteja preparada para as crises de choro, fique calma e assegure seu filho de que voltará para buscá-lo. Se ele relutar em ir para a escola, mantenha a consistência e a rotina, e continue a encorajá-lo positivamente.

6. **Prepare-se também**: a adaptação escolar pode ser um momento de insegurança e ansiedade também para os adultos, especialmente para pais de crianças pequenas. A separação pode ser dolorosa, por isso se prepare, mantenha a calma e transmita confiança na escola. Essa atitude influencia diretamente na segurança emocional dos filhos.

7. **Incentive a autonomia**: dê oportunidades para seu filho realizar tarefas simples de forma independente, como escolher alguns materiais da lista escolar, vestir-se e arrumar a mochila. Isso promove a confiança e a autonomia, habilidades importantes para a adaptação escolar.

8. **Esteja presente e disponível**: mostre-se disponível para ouvir seu filho falar sobre o dia na escola. Faça perguntas abertas, como "Qual foi a melhor parte do seu dia?" ou "Você fez novos amigos hoje?". Isso encoraja a comunicação e ajuda a entender como ele está se sentindo.

9. **Mostre empatia**: reconheça e valide os sentimentos do seu filho, mostrando empatia e compreensão. Se ele expressar medo ou nervosismo, diga que esses sentimentos são normais e que você está lá para ajudá-lo a superar qualquer dificuldade.

10. **Crie conexões com outros pais**: formar uma rede de apoio com outros pais pode ser algo muito benéfico. Vocês podem compartilhar experiências, trocar dicas e até organizar encontros fora da escola para que as crianças se conheçam melhor.

11. **Incentive a socialização**: promova encontros com os colegas fora do ambiente escolar, para que as crianças possam desenvolver amizades de maneira mais descontraída. Isso pode facilitar a interação social dentro da escola.

12. **Comunique-se com a escola**: mantenha uma comunicação aberta e frequente com os professores e a equipe escolar. Informe-os sobre quaisquer preocupações ou dificuldades que seu filho possa estar enfrentando. Essa colaboração é fundamental para uma adaptação bem-sucedida.
13. **Celebre as pequenas conquistas**: reforce positivamente cada pequena vitória de seu filho, seja ela acadêmica, social ou emocional. Celebrar conquistas, por menores que sejam, motiva e aumenta a confiança da criança.
14. **Tenha paciência**: entenda que a adaptação escolar é um processo e que cada criança tem seu próprio ritmo. Seja paciente e ofereça apoio contínuo, independentemente do tempo que levar para seu filho se sentir confortável na escola.
15. **Monitore o progresso**: acompanhe de perto o progresso do seu filho, tanto acadêmico quanto emocional. Adotar um modelo de diário de adaptação pode facilitar esse acompanhamento. Esteja atenta a sinais de estresse ou dificuldades persistentes e procure ajuda profissional, se necessário.

Adaptação escolar e as fases do ensino

A adaptação escolar é um processo essencial que acompanha as diferentes fases do ensino, desde a educação infantil até o ensino médio e, posteriormente, o ensino superior. Cada etapa traz desafios únicos para crianças, adolescentes e suas famílias, que precisam se ajustar a novos ambientes, rotinas e expectativas acadêmicas. Esse período de transição é marcado pelo desenvolvimento de habilidades sociais, emocionais e cognitivas, que variam conforme a idade e o nível de ensino. Entender essas fases e apoiar os estudantes em cada uma delas é fundamental para que a experiência educacional seja positiva e enriquecedora.

Educação infantil

A adaptação na educação infantil é fundamental para estabelecer uma base sólida para o aprendizado futuro. Crianças pequenas precisam se sentir seguras e acolhidas em um ambiente que promova o desenvolvimento emocional e social. Os pais devem trabalhar em estreita colaboração com os professores para garantir que as necessidades individuais de seus filhos sejam atendidas.

Ensino fundamental

No ensino fundamental, a adaptação envolve a transição para uma estrutura acadêmica mais formal e a necessidade de desenvolver habilidades sociais e de estudo. Os pais podem apoiar os filhos ajudando-os a organizar suas tarefas e estudos para as provas, incentivando a leitura e mantendo um diálogo aberto sobre suas experiências escolares.

Ensino médio

A adaptação no ensino médio abrange maior autonomia acadêmica, escolha da profissão e preparação para o vestibular, podendo ser desafiadora devido às mudanças físicas, emocionais e sociais que ocorrem durante a adolescência. Os pais devem estar atentos às necessidades emocionais de seus filhos e incentivá-los a participar de atividades extracurriculares que promovam um senso de pertencimento e desenvolvimento de habilidades sociais.

Ensino superior

No ensino superior, a adaptação envolve um nível maior de independência e responsabilidade. Os pais podem apoiar seus filhos incentivando a autonomia, oferecendo orientação financeira e emocional, e mantendo uma comunicação aberta sobre as experiências e desafios enfrentados no ambiente universitário.

Cada fase da adaptação escolar representa uma oportunidade importante de crescimento. Ao colocar em prática essas estratégias, os pais não apenas ajudam a desenvolver a autoconfiança e aprendizado das crianças, mas também reconhecem o impacto profundo das primeiras experiências escolares. A adaptação inicial não é apenas crucial, mas também destaca o papel essencial dos pais nesse processo. Ao criar um ambiente de apoio e segurança, os pais capacitam seus filhos não só para superar os desafios iniciais, mas também para construir bases sólidas para um desenvolvimento acadêmico, emocional e social. Assim, cada momento de adaptação escolar se torna não apenas uma transição, mas uma oportunidade valiosa para fortalecer os laços familiares e preparar o caminho para um futuro brilhante.

Referências

BOSSA, N. A. *Dificuldades de aprendizagem*: o que são? Como tratá-las?. Porto Alegre: Artmed, 2000.

BOWLBY, J. *Attachment and loss*. v. 1. Attachment. Editora: Basic Books, 1969.

CORRÊA, B. A.; MOTA, E. A. O processo de adaptação na educação infantil: a importância do acolhimento. *Revista Educação Pública*, Rio de Janeiro,

v. 22, n. 12, 5 abr. 2022. Disponível em: https://educacaopublica.cecierj.edu.br/artigos/22/12/o-processo-de-adaptacao-da-crianca-na-educacao-infantil-a-importancia-do-acolhimento. Acesso em: 11 jul. 2024.

GUILHERME, W. D. (org.). *A educação como diálogo intercultural e sua relação com as políticas públicas 5 [recurso eletrônico]*. Ponta Grossa: Editora Atena, 2020. Disponível em: https://www.academia.edu/73960224/Comportamento_e_Desenvolvimento_Sociocultural_Contempor%C3%A2neo_De_Jovens_e_Adolescentes_No_Cotidiano_Escolar. Acesso em: 11 jul. 2024.

HENDERSON, A. T.; MAPP, K. L. *A new wave of evidence*: the impact of school, family and community connection on student achievement. Texas: Southwest Educational Development Laboratory, 2002.

PARO, V. H. *Gestão democrática da escola pública*. São Paulo: Ática, 2007.

13

ALFABETIZAÇÃO DAS EMOÇÕES

O capítulo aborda a relevância da alfabetização emocional para crianças, focando principalmente em como reconhecer, nomear e gerenciar emoções e como esse movimento impacta de forma positiva sua vida. Tudo que é trazido, torna-se um processo vital para alcançar o bem-estar. Também trata da participação efetiva dos pais nesse processo de educação, fornecendo informações e instrumentos práticos para que, no dia a dia, tanto pais quanto filhos possam crescer emocionalmente. Por fim, o texto conclui que a alfabetização emocional propicia a criação de um ambiente acolhedor e que a valorização das emoções é essencial para proteger e desenvolver crianças emocionalmente saudáveis.

VALÉRIA PAZ

Valéria Paz

Formação em Pedagogia pela Universidade Federal de Alagoas. Especialista em Neurociência e Comportamento pela PUC-RS. Escritora. Graduanda em Psicologia. Idealizadora do Projeto "Eu Me Amo e Você?", que trabalha a Educação Emocional. Coordenadora do Congresso Nordestino de Educação Emocional, Sexual e Prevenção ao Abuso. Especialista em Pedagogia Organizacional. Palestrante.

Contato
Instagram: @valeriapazpalestrante

Daniel Goleman, considerado o pai da inteligência emocional, chegou a uma certa escola europeia e se deparou com uma cena intrigante que o deixou muito feliz. Era a alfabetização emocional na prática. As crianças estavam deitadas com seus ursinhos de pelúcia favoritos em cima da barriga e ouviam uma voz que dizia: "Inspira, expira, devagar, vamos novamente". Seria o equivalente a "cheira a florzinha e sopra a velinha", algo tão simples, que se torna um aliado poderoso quando precisamos gerenciar medo, ansiedade ou raiva. É mandar o recado para nosso cérebro de que está tudo bem. Os batimentos cardíacos diminuem, ficamos menos ofegantes e tudo encontra o equilíbrio. Mas o que seria alfabetização emocional? É focar no processo de aprendizagem para compreender, nomear e gerenciar o que estamos sentindo.

Mas pense bem: como um professor irá ensinar seus alunos a ler e escrever se ele for analfabeto? Se você está lendo este livro, significa que quer aprender para ensinar e oferecer ao seu filho tudo o que ele precisa para crescer saudável, fisicamente, socialmente e emocionalmente.

O cenário é o seguinte: naquela manhã, aquele menino estava extremamente irritado, não ouvia a voz de comando, partia para o enfrentamento, o que fez com que a mãe não conseguisse gerenciar suas próprias emoções. Ela bateu na criança e ambos ficaram absorvidos pela ira. Naquele momento conflituoso, veio a lembrança de que o filho havia tomado uma medicação que afetava o sistema nervoso, fazendo com que ele saísse do comportamento mais tranquilo que lhe era peculiar. Aquela mãe, claro, se sentiu muito mal e percebeu o quanto é essencial saber os passos para lidar com as emoções.

É necessário seguir etapas importantes para ter uma melhor gestão das emoções. Primeiro, reconhecer o que está sentindo, nomear para identificar. No livro *Emocionário*, você aprende do que se trata cada emoção, assim como fazemos para entender o que cada palavra significa. Existem outros livros que você pode ler com a criança, tornando um instante em algo que os aproxima e enriquece em aprendizado. Segundo passo, valide o que seu filho está sentindo, não banalize, procure acolher, ter uma escuta ativa, envolver-se. No filme "Avatar 2", em vez de dizer "eu amo você", eles dizem: "Eu vejo você". É muito importante olhar nos olhos, entender. Isso cria ocitocina, une, gera uma atmosfera de compreensão. Em terceiro lugar, é importante saber que nosso corpo será um canal para transmitir o que estamos sentindo. Por exemplo, se sinto raiva, o rosto fica mais quente, o coração acelera, agitação, respiração ofegante. A ansiedade traz alterações estomacais, intestinais e dores de cabeça, podendo afetar o sono. Quantas vezes até os próprios pais, mediante a apresentação de um trabalho, sentem dores na barriga, suor, coração acelerado... Nosso corpo revela, reage. Um quarto passo seria aguardar a sensação passar para então conversar sobre ela. É sábio não entrar em uma verborreia, um "vomitar de palavras", quando sua criança estiver ainda sob efeito de alguma emoção forte como medo, raiva ou tristeza. Se a criança estiver chorando, por exemplo, chegue perto, diga que está ali se ela quiser falar, use um tom tranquilo. Pergunte se ela quer um abraço, acolha com palavras de incentivo, ajude-a a começar a falar sobre o que a está deixando assim. Pode ser que, por exemplo, o melhor amigo não quis brincar com ela. Diga que é normal se sentir triste quando quem gostamos não quer brincar conosco. Esclareça que ela pode chorar como forma de colocar para fora o que sente. Já ouvimos tantas vezes "engole o choro" e sabemos que guardar o que sentimos nos adoece. Quando ela estiver se sentindo melhor, converse sobre como poderiam solucionar isso.

Algo precisa ser feito e é urgente. Os dados da Organização Mundial de Saúde trazem um aumento significativo de casos de ansiedade, depressão e suicídio. Quanto mais aprendermos sobre nossas próprias emoções e como lidar com as dos nossos filhos, mais bem-estar sentiremos, e saúde mental é alcançar esse objetivo. Daniel Goleman, considerado o Pai da Inteligência Emocional, traz cinco domínios principais que servem de base para o adulto em questão:

1. **Conhecer as próprias emoções**: autoconsciência, reconhecer um sentimento quando ele ocorre.
2. **Lidar com emoções**: capacidade de confortar-se. Abrindo aqui um parêntese bem importante, a criança não tem repertório, o cérebro não está amadurecido; portanto, o adulto deve corregulá-la, ajudá-la na função do gerenciamento do que ela está sentindo.

3. **Motivar-se**: o autocontrole emocional, saber adiar a satisfação e conter a impulsividade.
4. **Reconhecer emoções nos outros**: as pessoas empáticas estão sintonizadas com os sutis sinais do mundo externo que indicam o que os outros precisam ou querem.
5. **Lidar com os relacionamentos**: a arte de relacionar-se é, em grande parte, a aptidão de lidar com as emoções dos outros.

Se você, como responsável por uma criança, cresceu sem acesso a informações sobre como lidar com suas emoções e foi ensinado a: ignorar seus sentimentos, ser forte a todo custo, suprimir seu choro e medo, com educação emocional, você pode quebrar o ciclo de negação. Precisamos nos acolher e aprender para, então, alfabetizarmos nossos filhos. Bandura (2008), em sua teoria de aprendizagem social, destaca o aprendizado por meio da observação e pela interação entre a mente da criança e o ambiente ao seu redor. Significa que nossa criança nos observa e aprende. Vygotsky também tem a relação com o outro como fator determinante na construção de quem somos; portanto, fornecer um ambiente seguro fará toda a diferença na forma como seu filho lidará com o mundo e no quanto algumas situações podem ou não paralisá-lo.

Vamos trazer mais um relato. Ele é real, traz um trauma vivenciado por Rebeca e acompanhado de perto por Aline, nomes fictícios, mas o objetivo é entender que nossos filhos terão desafios a enfrentar e que, quanto mais repertório emocional eles tiverem, mais habilidades terão para passar pela situação e seguir em frente.

Naquela manhã, Aline estava dentro da sala e parecia ser apenas mais um dia de trabalho normal, mas seria um fatídico dia. Bateram à porta, Aline disse que poderiam entrar, e entraram três meninas: uma visivelmente abalada e as outras duas, amigas fiéis (o tempo provaria isso), pois estavam dando suporte à amiga. Uma das meninas disse que alguém precisava ajudá-la. A coordenadora olhou afetuosamente para a que chorava e perguntou se ela gostaria de conversar. A menina balançou negativamente a cabeça. Então, foi pedido que as duas amigas saíssem e, logo depois, foi dito a Rebeca que ali era um ambiente seguro e que sua dor poderia ser amenizada começando por desabafar.

Ela estava chorando muito ainda e relutante. Aline sugeriu que voltasse no dia seguinte para contar o que houve, e assim ficou combinado. No dia seguinte, Rebeca bate à porta e entra.

Voltando um pouco a essa história, há quatro anos, quando Rebeca chegou ao sexto ano, ela era uma menina alegre, amiga e dedicada aos estudos. Gostava de participar ativamente de todos os projetos que a coordenação criava. Como um flash rápido, passou um filme na cabeça de Aline, porque, antes mesmo daquele choro tão sentido, mudanças aconteceram. As notas diminuíram, a maquiagem ficou mais pesada, o olhar mais triste. Os sinais já estavam ali e ninguém notou. Mas, naquele dia, tudo ficou claro.

Rebeca, então, disse que iria falar o que trazia tanta angústia e lágrimas. A coordenadora perguntou se poderia fechar a porta para que, naquele momento, só ela fosse o foco, oferecendo à menina o acolhimento necessário. Acordo feito, ela começou dizendo que era muito difícil contar aquilo, que nem sabia por onde começar, que sentia vergonha. Aos poucos, com calma, escuta ativa e a certeza da confiança, ela disse que estava sofrendo abuso sexual por parte do pai. Ela foi acolhida em sua dor e, para surpresa, continuou dizendo que não parava por aí. Contou que estava se sentindo sufocada e decidiu contar para duas colegas o que estava acontecendo, e as duas contaram para a escola inteira.

Perplexidade era o que Aline sentia internamente, mas por fora estava tranquila, segura e transmitindo acolhimento. Os próximos passos foram combinar com Rebeca quem seria sua rede de apoio, e convidar a mãe para relatar a situação. Nesse momento, o desespero tomou conta da menina, com a possibilidade de ver a mãe se sentindo culpada e sem saber o que deveria fazer. Ela foi orientada a comparecer ao Conselho Tutelar e, daí em diante, começava a saga de uma menina que morreria duas e até mais vezes. Ela deixou de ter o brilho nos olhos, como um corpo sem alma. Como alguém que vagava sem esperança. Típico de uma criança que tem sua infância roubada por quem deveria protegê-la.

Quando pensamos em casos como esses, começamos a refletir sobre como a história de Rebeca teria sido diferente se ela tivesse recebido Educação Emocional na infância. Crianças alfabetizadas emocionalmente têm maior probabilidade de gerenciar e superar situações desafiadoras. Trazemos, a seguir, uma das teorias de Martin Seligman, considerado o pai da psicologia positiva, a teoria da felicidade (PERMA), um acrônimo em inglês:

Teoria da felicidade

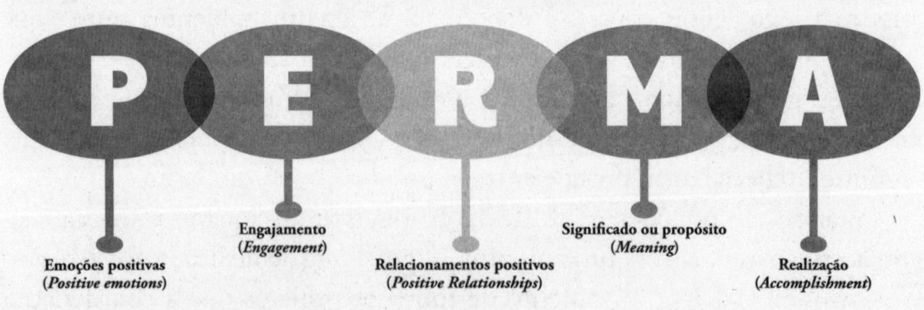

O **P**, que remete a **Emoções Positivas**, significa que é preciso informar às nossas crianças que todas as emoções têm sua função. O medo, por exemplo, de uma cobra protege de algo perigoso, ou seja, tem a função de nos manter seguros. Devemos ensinar, desde a mais tenra infância, a importância de não ter vergonha do que sentimos, verbalizar e ter a certeza de contar com uma escuta ativa. O mais importante não é só resolver, mas sentir, nomear, acolher e gerenciar da melhor forma possível o que é sentido. No caso de Rebeca, se por parte da mãe ela tivesse recebido Educação Emocional, lidaria de forma diferente com o medo, a vergonha, a raiva e a culpa que sentiu; ela poderia ter criado habilidades para gerenciar de maneira assertiva a situação. Deveria entender que pode e vai sentir todos esses sentimentos e que teria alguém em quem confiar, contar com escuta ativa, sem julgamentos e disponível para oferecer apoio.

A letra **E** significa **Engajamento**, ou seja, viver o presente, evitando estar preso ao passado ou antecipar o futuro de modo sofrido ou paralisante. Estamos sobrecarregando nossos filhos com muitas atividades. Eles não estão tendo tempo de viver o presente, ser criança, brincar, explorar instrumentos musicais, praticar esportes, ter aulas particulares, aprender outras línguas, entre outras atividades, com o objetivo de prepará-los para o futuro. As crianças estão cada vez mais ansiosas, precisando lidar com uma demanda que não condiz com sua infância, quando deveriam estar mais focadas em momentos ao ar livre, brincadeiras fora das telas e no uso de materiais como *slime*, massinha de modelar, argila, tela e tintas (explorando texturas), respeitando as fases de seu desenvolvimento.

A letra **R** significa **Relacionamentos Positivos**. Voltando ao caso de Rebeca, ela contou sua história para duas colegas em quem não deveria ter confiado. Fica a pergunta: por que será que ela não escolheu a mãe ou alguém da família para contar? Relações positivas devem começar de modo intrafamiliar; dentro do nosso contexto, a família é a célula-mãe da sociedade, ou seja, o primeiro contato social da criança. A teoria do apego dispõe que, desde o ventre, o bebê deve se sentir conectado através do aconchego, carinho, segurança e amparo. Em Neurociência, falamos sobre a ocitocina, o hormônio do vínculo, que precisa ser liberado através de um abraço demorado, um olhar de atenção, a presença. Em um lar onde as pessoas estão dispostas a oferecer todo esse amparo, e onde não se sentem julgadas, incompreendidas ou preteridas, quando algo sério acontece, elas saberão identificar quem é sua rede de apoio. Esse movimento é do adulto em relação à criança.

A letra **M** quer dizer **Significado** ou **Propósito**. Estudos confirmam que crianças e adolescentes estão perdendo o hábito de sonhar, de pensar no futuro com esperança, de querer conquistar algo. Quando lembramos do livro de Viktor Frankl, *Em busca de sentido*, compreendemos que ele passou pelos horrores do campo de concentração e o que o fez permanecer firme foi o propósito de, ao sair dali, transformar vidas. Ele criou a logoterapia e realmente alcançou seu objetivo. Como sair de momentos tenebrosos como os que Rebeca passou? Tendo um propósito, um objetivo que a faça acordar todos os dias e querer viver por ele. As crianças devem sonhar e, para isso, precisam da validação dos adultos. Quando elas expressam o desejo de ser algo, isso nunca deve ser motivo de chacota. O cérebro da criança é uma seara fértil, criativa, empreendedora, científica, mas, para a maioria esmagadora, isso vai se perdendo no contato com adultos que não investem tempo para alimentar essa inventividade. Rebeca conseguiu seguir em frente, pelo fato de ter dois propósitos para sua vida: ser nutricionista e continuar frequentando ativamente sua instituição religiosa.

E, por último, temos o **A**, que traz **Realizações**. Realizar deve ser algo diário na vida da criança, e faça disso uma festa. Ela vai dar uma pirueta e esperar aprovação, palmas, sorrisos. É importante ensinar a vibrar a cada conquista, cada passo, evitando comparações com outras crianças. Cada uma é singular e precisa ser sentida assim. Sempre ser grato pelo que conquistou, recebeu e, através da gratidão, expressar para o mundo o quanto cada etapa vencida compõe toda uma trajetória de sucesso.

Os benefícios de uma criança alfabetizada emocionalmente reverberam no lado acadêmico, com um desempenho maior. As interações sociais são mais harmônicas. Em relação a sofrer bullying, não será um alvo fácil, pois sabe o seu valor e tem onde buscar ajuda. Até em relação à violência sexual, em uma entrevista concedida à apresentadora Oprah, pedófilos falaram que crianças negligenciadas são alvos fáceis, pois não se sentem amadas, acolhidas, validadas. Mas, ao contrário disso, quando existe uma atmosfera de acolhimento, atenção, exemplo e inteligência emocional, a criança estará muito mais protegida.

Referências

BANDURA, A. *Teoria social cognitiva*: conceitos básicos. Tradução: Roberto Cataldo Costa. Porto Alegre: Artmed, 2008.

FRANKL, V. E. *Em busca de sentido*: um psicólogo no campo de concentração. Tradução: Walter O. Schlupp. Petrópolis: Vozes, 2008.

GOLEMAN, D. *Inteligência emocional*. Tradução: Marcos Santarrita. Rio de Janeiro: Objetiva, 1996.

SELIGMAN, M. E. P. *Florescer*: uma nova compreensão sobre a natureza da felicidade e do bem-estar. Tradução: Alexandre Raposo. Rio de Janeiro: Objetiva, 2011.

VYGOTSKY, L. S. *A formação social da mente*: o desenvolvimento dos processos psicológicos superiores. Tradução: José Cipolla Neto. São Paulo: Martins Fontes, 1991.

14

COMO CUIDAR DA COMUNICAÇÃO E DO DIÁLOGO PARA UMA EDUCAÇÃO CONSCIENTE

Neste capítulo, vamos conversar sobre como construir um canal de comunicação eficiente na relação entre pais e filhos. Apesar de não haver modelo perfeito, deixamos algumas dicas práticas, e de fácil aplicação, que podem fomentar o diálogo consciente em família.

ANA PAULA BUENO

Ana Paula Bueno

Psicóloga graduada pela Faculdade de Psicologia da PUC-GO desde 2007. Especialista em psicopatologia clínica e em psicoterapia analítico-comportamental. É psicoterapeuta e atua com adolescentes, adultos e casais. Em sua vivência clínica, percebeu a necessidade de buscar ainda mais recursos para auxiliar clientes, mães e pais em suas relações com seus filhos, e o treinamento de pais foi a estratégia escolhida para essa finalidade. Goiana vivendo em Minas Gerais, mãe do Augusto, atende presencialmente em Belo Horizonte e em Nova Lima, além de na modalidade on-line.

Contatos
apdbueno@gmail.com
Instagram: @anapauladbueno
62 98175 0576

Quantas vezes você já clamou por um manual de instruções dos seus filhos? Quantas vezes você pensou que uma dificuldade havia sido superada, até que se depara com uma regressão e fica sem saber como isso foi acontecer? Educar filhos é uma tarefa extremamente gratificante, assim como muito desafiadora. Buscar conhecimento e informação é muito importante; no entanto, apesar de exercerem grande influência no comportamento das crianças, os pais não são as únicas variáveis na vida delas, o que faz da **observação** a melhor ferramenta para tornar as interações familiares mais leves e saudáveis.

Sempre que conseguimos fazer uma boa leitura da situação e manejar adequadamente o conflito ou até mesmo evitá-lo, nós nos percebemos capazes, vitoriosos, mas isso nem sempre acontece. Muitas vezes, mesmo com muito esforço, não encontramos o melhor caminho, parece que alguma peça não está se encaixando. Nesse momento, vamos à procura de alternativas àquela estratégia, conversamos com outros pais e educadores em busca de experiências semelhantes e exitosas, além do vasto conhecimento teórico de fácil acesso hoje em dia.

Buscar percorrer um caminho conhecido, como a educação que recebemos dos nossos pais, ou seguir rigidamente os passos de um manual, traz uma sensação de que chegaremos ao mesmo destino de quem o trilhou anteriormente; no entanto, educar é mais que isso! Educar exige flexibilidade e adaptações o tempo todo, e a cada geração vemos uma nova tecnologia, uma nova necessidade. É ilusória a tentativa de seguir modelos *ipsis litteris* ou de usar exatamente as mesmas estratégias com filhos diferentes. Gosto de dizer que, na educação dos filhos, a cada fase adquirimos habilidades para lidar com a fase seguinte, e que todas as experiências são transformadoras; portanto, é impossível educar dois filhos da mesma maneira.

Dessa forma, é importante compreender que a **relação** deve ser a base do exercício, e não somente uma das partes envolvidas. Educar é dividir responsabilidades, é não colocar pais ou filhos no centro das atenções e decisões unicamente, é ouvir e trocar. Enquanto os pais têm maturidade e experiência com situações anteriores para compartilhar com os filhos, sabedoria para perceber quando necessitam buscar recursos fora para a sua formação, os filhos têm energia e coragem para explorar novos caminhos. A junção destes dois lados viabiliza a construção de uma nova experiência mais estável e consistente do que se considerássemos apenas um deles (pais ou filhos).

Desde a gravidez, começam a ocorrer mudanças na dinâmica familiar. As bases da relação entre pais e filhos começam a ser estruturadas. Novos papéis vão sendo constituídos e ajustes se fazem necessários; o casal acumula agora, além das funções de marido e mulher, as de pai e mãe, e o filho único passa a ser o irmão mais velho, por exemplo. Os pais passam a ter que administrar as próprias relações com o bebê, assim como a dos irmãos, além de manter o tempo de qualidade com o primogênito e os pares.

O ser humano tem a capacidade de seguir aprendendo e construindo sua personalidade ao longo de toda a sua vida; no entanto, pensar sobre a importância dos primeiros anos de vida de uma criança não invalida tal habilidade. Muitas vezes, conseguimos passar de fase com louvor, em outras as dificuldades podem se apresentar como grandes oportunidades de aprendizado de modo que, se a relação entre pais e filhos não se instituiu da maneira esperada, é imprescindível nos questionarmos qual era esta maneira. Ela era possível? Estava de acordo com os propósitos e necessidades de quem? Como podemos ajustar o caminho na direção dos objetivos inicialmente propostos? Respondendo a estas questões, temos a possibilidade de reunir elementos que nos permitam avaliar o trajeto percorrido, bem como discriminar problemas e necessidades de ajustes. Definiremos, desta forma, quais mudanças se fazem necessárias.

Não existe fórmula pronta para as relações entre pais e filhos; no entanto, a possibilidade de aprender fazendo e ir se ajustando durante o processo tem um valor imenso. Pais flexíveis, que se mantêm abertos ao aprendizado, alcançam mais facilmente a satisfação pessoal e promovem mais intensamente o desenvolvimento adequado dos filhos. Se ousarmos indicar um caminho para relações entre pais e filhos de sucesso, seria estar aberto para o novo, o olhar constante, analítico e reflexivo para a relação, que possibilite alimentá-la com atenção, cuidado, amor e respeito.

É importante refletir que essa observação contínua não pode caracterizar um peso para as partes envolvidas; ela deve, sim, ser algo inerente à relação, algo prazeroso. Certificando-nos do que os nossos filhos precisam, estamos cuidando deles e, ao cuidar deles, estamos nos alimentando, uma vez que a tarefa em si passa a ser prazerosa para os pais. O mesmo acontece com os filhos. Um círculo virtuoso começa a se formar, com a construção de uma relação pautada no apoio recíproco, amor e respeito, onde somos modelos que nossos filhos muito provavelmente seguirão com prazer. Ao mesmo tempo, eles tenderão a agir de maneira respeitosa e afetiva com os pais, sentindo-se recompensados e edificando, assim, uma relação sólida e agradável para todos os envolvidos.

Algumas pessoas podem se perguntar se este não seria um modelo idealizado e inatingível da relação entre pais e filhos. No entanto, nossa experiência clínica tem nos mostrado que ele é alcançável. Trata-se de um aprendizado e depende dos objetivos que a família determina para o grupo, bem como para cada membro. É bem provável que se encontrem obstáculos; no entanto, estes podem valorizar ainda mais a caminhada. Ao observar o processo e avaliar as dificuldades procurando discriminar o que pode estar impedindo o bom desenvolvimento do percurso, pais e filhos conseguirão descrever melhor o problema e procurar soluções para ele. Aqui, o instrumento que muito auxilia o relacionamento entre pais e filhos ganha foco: o **diálogo**. Todo o processo do qual estamos falando deve estar apoiado na formação de uma comunicação aberta e franca entre pais e filhos.

É na família que as crianças aprendem a falar para depois interagirem com outros membros da comunidade. A fala deve ser utilizada desde cedo como ferramenta de aproximação em casa. Pais que ouvem seus filhos e procuram compreendê-los conseguem mais facilmente ensiná-los a analisar a viabilidade de seus pedidos. Mesmo que não sejam atendidos, os filhos se sentem respeitados e com sua expressão acolhida, o que faz com que lidem melhor com situações futuras.

Há informações importantes de serem compartilhadas com os filhos para que eles entendam o motivo de algumas decisões. Saber que a família atravessa um momento economicamente difícil pode facilitar a compreensão do filho de que não poderá viajar com os amigos no final do ano, por exemplo, em vez de ficar com a sensação de que os pais não se importam com o que é relevante para ele. No entanto, dividir com os filhos dificuldades no relacionamento conjugal, fazendo deles plateia de críticas ao outro cônjuge, é delegar à criança uma responsabilidade que ela não consegue administrar.

Algumas atividades simples que, ao serem implementadas no dia a dia familiar, podem tornar a relação mais satisfatória para todos:

- **Fazer pelo menos uma refeição ao dia em família**: preparar o alimento juntos, dividir tarefas de acordo com sua complexidade e a idade de cada membro transforma esses momentos em espaço de troca e união, oportuniza diálogos e fortalece laços.
- **Separar os contextos**: por mais que os problemas façam parte do nosso cotidiano, conseguir resolver as questões do trabalho no trabalho, assim como discutir as dificuldades familiares em casa nos permite focar em uma situação por vez, onde é possível fazer algo a respeito, reduz a ansiedade e permite maior atenção à relação.
- **Compartilhar dificuldades e conquistas**: isto fortalece as relações. Ressalte os avanços que vocês vêm alcançando, valorize e aponte a relevância de construir a cada dia uma relação mais satisfatória. Avalie também as dificuldades e procure juntos entendê-las como oportunidades de fortalecer o vínculo, e não como fracassos.
- **Promover conversas com os filhos analisando as situações sob o ponto de vista deles**: muitas vezes, situações que mobilizam enormemente as crianças são vistas como insignificantes por nós, adultos. Quando os pais ouvem as aflições dos filhos e procuram observá-las sob a ótica da criança, compreendendo o seu sofrimento, estão respeitando seus filhos e ensinando, através do exemplo, a fazer o mesmo por outras pessoas, a serem empáticos. A empatia é uma habilidade muito importante nas relações. Perceber que pode se abrir sobre qualquer assunto com os pais pode prevenir muitas dificuldades, principalmente na adolescência.
- **Apontar o que não está certo também é papel dos pais**: a crítica deve ser direcionada à situação e não à pessoa, bem como ser o mais objetivo e imparcial possível. Assim, ensinam os filhos a tomarem decisões e a desenvolverem um pensamento ético. É melhor dizer: "Filho(a), percebi que você ainda não estudou para a prova de amanhã, está com alguma dificuldade? Posso ajudá-lo(a)?", em vez de "Você é mesmo preguiçoso(a) e deixa tudo para a última hora, não vai me surpreender se não passar de ano".
- **Aceitar quando os filhos não querem falar sobre algum assunto**: muitas vezes, queremos aproveitar algum gancho para falar de um assunto delicado (drogas, sexo, conflitos entre amigos) ou até mesmo percebemos que há algo de errado com nossos filhos e insistimos com a intenção de ajudá-los a resolver o que os incomoda. No entanto, esperar o tempo deles é contribuir para que se sintam respeitados e confiantes para serem verdadeiros no momento de se abrirem, em vez de perceberem a conversa como uma obrigação e responderem qualquer coisa apenas como estratégia de esquiva.

- **Dar mais atenção ao presente**: valorizar o momento que estamos vivendo ensina a apreciar o que temos. A criança desenvolve assim uma percepção crítica e justa do que tem e, com base nisso, estabelece objetivos futuros e consegue trabalhar na direção de atingi-los.
- **Brincar**: a brincadeira é tão séria para a criança quanto o trabalho é para o adulto. É brincando que a criança aprende, sem medo de errar, uma boa parte do repertório necessário à vida adulta. Uma família que brinca junto desfruta de momentos felizes e gratificantes para todos.
- **Promover o envolvimento de seu filho com outras crianças**: criar encontros fora do ambiente escolar, em casa ou em outros espaços possibilita a aproximação dos pais aos grupos de amigos dos filhos, assim como faz com que as crianças percebam o apoio dos pais a estas relações, o que pode favorecer inclusive o desenvolvimento de habilidades sociais essenciais para as próximas fases da vida.

Discorremos a respeito de dicas que podem contribuir para tornar mais prazerosas as interações entre pais e filhos. Não tente segui-las rigidamente, procure adaptar cada uma às particularidades de sua família. Pais que se posicionam de forma aberta e consciente quanto a suas dificuldades conseguem usar a observação e o diálogo para construir o verdadeiro manual desta relação com mais facilidade, incluindo todos os seus membros. É essa construção feita a várias mãos, e não algo pronto, como muitas vezes desejamos, que torna a relação ainda mais gratificante para todos.

Referências

CAVALCANTE, M. R. *Análise do comportamento*: avaliação e intervenção. São Paulo: Roca, 2008.

GOMIDE, P. I. C. *Pais presentes, pais ausentes*: regras e limites. Petrópolis: Vozes, 2004.

WEBER, L. *Eduque com carinho*. Curitiba: Juruá, 2017.

15

PATERNIDADE

A IMPORTÂNCIA DA PRESENÇA EFETIVA DO PAI, ENTRE TELAS, NA CRIAÇÃO DOS FILHOS

A paternidade atenta é o despertar da nova consciência e intencionalidade para as possibilidades, os benefícios e os desafios da tarefa de criar filhos. A atenção consciente, sem críticas e julgamentos, mas firme em seu discernimento, convida-nos a levar à compreensão mais profunda de nossos filhos e de nós mesmos, na autoeducação. Ainda mais quando praticada em uma comunidade onde partilhamos das necessidades e dores, das conquistas e alegrias de ser pai afetivo e atento.

RENAN SENRA BARBOSA

Renan Senra Barbosa

É natural de Congonhas, Minas Gerais. Psicólogo clínico e educacional desde 1993 pela PUC-MG. Pedagogo, mestre em Educação pela UFMG em 2021 e hoje doutorando em Sociologia da Educação pela Universidade Federal de Ouro Preto/MG. Gosta muito da psicologia social, da educação popular e emancipadora! Analista transacional desde formado, mantém consultórios em Belo Horizonte e no interior mineiro, sempre atendendo a jovens, adultos, casais e aos mais velhos! Estuda a educação ao longo da vida. Gosta de passear, estudar, ler e escrever. Dos seus capítulos mais bonitos, os melhores são Tomaz, Gael e Maya. Os dois últimos em parceria com Liliane, flor da sua vida e professora na Aracê Escola Waldorf, em Nova Lima - MG.

Contatos
renan.cong@gmail.com
31 99694 9312 (WhatsApp)

Explorando o papel dos pais diante da presença da internet hoje

A internet muitas vezes ocupa o lugar do afeto e preenche muitos espaços onde o estímulo afetivo faz falta. Na verdade, ela gera reforços neurológicos que substituem a necessidade básica e permanente de afeto. Pode-se notar isso quando se vê como as pessoas interagem com "influenciadores" e outras figuras populares, ainda que distantes e virtuais. Figuras que são influentes até no sentido de nos decepcionarem quando algo sai do controle e escapa daquela sua imagem moldada usada nas redes sociais, para torná-las mais amáveis e mais eloquentes. Exemplo disso é o tanto de aplicativos de maquiagem e de melhoria de imagens que temos à nossa disposição. E o quanto uma moda se alastra a partir de uma figura pública que usa algo que a gente passa a notar como tendência e novidade pela cidade. Um penteado, um tipo de piercing, uma tatuagem, um modelo diferente de roupas...

Muitas vezes, os pais precisam entender, mediar consigo e interromper seu próprio acesso aos meios eletrônicos para apenas darem bons exemplos aos filhos e cuidarem melhor deles. Ser exemplo não é pouco. Não é tarefa fácil. Por isso, fazemos o convite que vai exigir dos adultos o que podemos chamar de Autoeducação, que pode ser definida como a capacidade de uma pessoa educar a si mesma. É algo que vai muito além do conceito de ser "autodidata", quando a pessoa pode ser seu próprio professor para algo técnico. Autoeducação quer indicar aquele que faz a jornada da educação íntima, autorreflexiva, o trabalho do cuidar-se no interior, de movimentar-se para maiores realizações pessoais na sua vida. Aumentar seu senso de dever e pertinência é um ganho neste tema!

Autoeducação é algo que fazemos sempre, mesmo sem saber. Mas é muito importante que façamos com intenção. Sabemos que nunca podemos tudo a todo tempo e nessa lição precisamos garantir que nossos filhos aprendam de nós. Aprendam com os pais e com outros adultos sobre as frustrações na vida, para que sejam ou tenham mais chances de se tornarem adultos mais felizes. Colocar intenção em sua própria autoeducação é dedicar-se a vencer as próprias limitações, soltando os obstáculos das resistências internas.

Ser feliz aqui, não como meta de satisfação quanto ao bem-estar material, mas ser feliz no sentido amplo da palavra, significa ter disposição para enfrentar com boa expectativa os tédios e dificuldades do mundo real, vivendo em ritmo de "esperançar", como diria Paulo Freire, de plantar ativamente boas chances. No "esperançar", a pessoa faz seu caminho, vence adversidades e obstáculos. E segue seu caminho de realização pessoal pela vida!

Na vida do adulto maduro, o princípio do prazer precisa ceder e dar lugar ao princípio da realidade. Para crescer mais saudável quanto aos seus deveres, pequenos e grandes, o homem pai e esposo precisa buscar conquistas mais concretas do que apenas "*candies*", "doces" ou prêmios momentâneos que não vão representar estabilidade ou segurança na convivência familiar. Ele precisa cumprir seu dever de buscar melhorias significativas e o reconhecimento de seus esforços no caminho da estabilidade emocional, com a maturidade e o sucesso possíveis.

O pai efetivo é também aquele pai que é afetivo, ou afetuoso. Ele entende o momento pelo qual sua criança ou adolescente passa. Em casa, ele sabe ser referência e sabe como ser presente e ser companhia, servindo de estímulo ou de censura. Ele traz o seu "ser-educador" inteiro e não sujeito a birras, brigas ou cara feia! O pai afetivo sabe que precisa dedicar boas horas para a interação com seus filhos e com sua companheira, no sentido de reforçar os assuntos da casa e da família, fazendo sua parte no teatro da vida, no concerto da família, diante da cultura do mundo.

Se a presença da Internet molda nossa forma de pensar e agir no mundo nos dias atuais, nós precisamos nos adaptar e nos organizar em relação às funções, papéis e ritmos que vamos assumir. Nós, os adultos, precisamos tomar frente e decidir sobre nosso "plano familiar de mídia": como nós faremos a gestão do uso de tecnologias. Não é legal deixar que os filhos decidam! Precisamos dar a orientação para que eles nos sigam, de início, e depois que se fortaleçam, com o tempo, nas suas vontades (Payot, 2018) e no senso de obrigações e deveres, necessários à sua participação na família, na escola e na sociedade.

Abordando os pais ao equilibrar a tecnologia na educação dos filhos

A família contemporânea tem o crescente desafio que é o de assimilar a presença das tecnologias nas relações interpessoais. E as relações parentais são as primeiras delas, as mais fundadoras! Entretanto, percebemos que cada vez mais os pais precisam (ou querem) realizar suas atividades como adultos, como profissionais, como pessoas que são importantes no seu trabalho... E vão delegando para outrem a criação dos filhos, consumindo mais serviços por aplicativos, pois "*o tempo é curto e precisam só terminar um trabalho da firma antes do jantar*". Parece que temos que "*fazer nossos trabalhos*" para manter o padrão de vida, quitar contas e termos aqueles momentos de família como nas propagandas da TV. Mas o que temos são escolhas e decisões!

Portanto, o acesso às tecnologias é para nós adultos algo também interessante, necessário e cada vez mais parte da nossa vida. Não apenas fora de casa como dentro dela. Não apenas nos dias úteis, mas também nos finais de semana. Somos abduzidos e vamos atropelando o lazer com nossa família, vamos nos viciando e tomando tanto gosto pelas tecnologias que deixamos a natureza da vida para lá... A natureza do cuidado. A natureza da alimentação adequada. A natureza do sono de qualidade. A natureza do viver em comunidade como precisamos!

Conhecer a influência da tecnologia nas relações entre pais e filhos adolescentes é cada vez mais urgente! Estudos apontam que a influência da tecnologia nas relações parentais tem apresentado mais aspectos negativos que positivos. Os impactos **negativos** dizem respeito ao afastamento. Principalmente o afastamento afetivo, quando o pai está em casa, mas está atrás de uma tela, seja trabalhando, seja se distraindo. E os impactos **positivos** apontam que a tecnologia aproxima pais e filhos porque facilita a comunicação em qualquer hora. Assim, tendo em vista que as tecnologias estão presentes e não vão retroceder, faz-se necessário buscar formas de se beneficiar disto e estabelecer mais pontos de contato com os filhos e esposa. A tecnologia pode funcionar como mais um instrumento de aproximação no relacionamento parental e conjugal. E são os adultos que devem calibrar os momentos de interação *on* e *off*.

Para nós, no entanto, quanto mais novos forem a criança e o adolescente, mais necessário é restringir o uso de telas. Quanto mais problemas os pais estiverem enfrentando, mais se fazem necessárias a atenção dos adultos e a restrição ao uso de aparelhos. O uso das tecnologias não deve ser um prêmio ou um castigo. Mas uma coisa comum, de uso normal, avaliado no dia a dia e com regras claras, que compreendam também as exceções e restrições de uso, de acordo com o envolvimento de cada um na casa e o ânimo para as tarefas em casa.

Os **desafios** para os pais em relação aos aparelhos eletrônicos vão aumentar à medida que os pais se colocam em uma posição de reféns dos seus filhos. Ou das tecnologias. Deste modo, quanto menores são os filhos, mais fácil e mais necessário é que os pais desenvolvam hábitos mais saudáveis e mais seguros quanto ao uso de aparelhos, considerando que mais adiante, na adolescência, o uso vai aumentar também porque as relações tendem a ficar mais livres, horizontais e flexíveis. Porém, neste momento inicial, é importante que o pai e a mãe sejam referências e se cuidem quanto ao uso de telas. Que sejam referências pelo exemplo mesmo! Quero sempre chamar a atenção para o fato de que nós, adultos, seremos sempre referência. E todo esforço e toda mudança e atualização que fizermos sobre nossas virtudes e qualidades serão bem-vistas e vão funcionar como baliza, como um farol, para nossos filhos, sobrinhos e amigos fazerem suas manobras pela vida afora! Ainda que a gente, como adultos, consiga representar melhor em situações singulares, é importante pensar que qualquer bom exemplo nosso é melhor que nenhum exemplo. Quero indicar que, se um pai consegue beber uma cerveja a menos em nome dos seus filhos, é ótimo que faça isso. E isso é algo que será motivo de graça e orgulho íntimo para eles, e que será notado pelos seus queridos! Você já ouviu dizer que a tela é o novo cigarro? Pois é: não há nível seguro para o abuso disso também.

Ainda que os conteúdos possam servir para mostrar o mundo aos filhos e muitas imagens resolvam horas de contação de histórias para seus filhos, os adultos precisam pensar em resolver dilemas pessoais, cansaço, ansiedade ou depressões que enfrentam no ambiente familiar e partir para o relacionamento real, horizontal, nutritivo, ativo, alegre, potente e respeitoso com os filhos. Ainda que a gente não tenha tido tudo isso dos nossos pais, a gente precisa, como adultos, desenvolver isso que é o Melhor Relacionamento Parental possível para privilegiar o desenvolvimento e a evolução desses que serão nossos maiores amigos na vida senil, na vida nos aposentos e na vida recreativa da nossa velhice. Tudo é previdência, tudo é poupança! E os senhores e senhoras, pais e mães, precisam investir na vida futura, aplicando o melhor possível na confiança ativa da transformação e da melhoria das suas qualidades.

Os pais no dever primordial de garantir a vida dos seus filhos

O que os pais mais alegam nas suas conversas conosco no consultório é sobre seu amor incondicional, amplo e irrestrito para com seus filhos. No entanto, nós, psicólogos e psicólogas, percebemos muitas vezes que esses mesmos pais agem com a intenção inconsciente de prevenirem seus filhos de viverem possíveis desconfortos ou traumas que eles próprios tiveram no passado. Sobre isso, poderíamos falar a respeito de diversas temáticas da teoria psicológica que versam sobre ressentimentos, medos, protecionismo, apego e fragilidades que vão ao contrário da intenção de entregar bons filhos, fortes e saudáveis, para o mundo. A ideia da educação com apego é um capítulo importante na ciência da paternidade, mas está mais ligada aos primeiros anos de vida. A gente pode se inspirar na ideia de levar aos pequenos a construção do caráter altruísta, respeitoso, amistoso, e com humildade e responsabilidade sobre nosso próprio ninho.

Mas por onde passa a internet neste assunto da educação que exige tanto dos pais no fortalecimento do caráter dos seus filhos? Aprendemos que a internet pode ser considerada o grande formador de consumidores natos de artigos sempre desnecessários. Dizemos isso para contar que a internet nos ensina a nos cuidar menos (–) em relação aos nossos compromissos, e a nos cuidar mais (+) em relação aos nossos passatempos. Estudos indicam que, depois de 2012, com a maior agressividade dos aplicativos e dos *smartphones*, os estudantes passaram a desempenhar cada vez menos nos testes do Programa Internacional de Avaliação de Estudantes (Pisa), indicando que eles não têm anticorpos ou senso de proteção contra o uso abusivo de telas. Telas que impõem aos mais jovens que se concentrem cada vez menos em seus afazeres e obrigações. Os pais também estão cooptados pelas infinitas possibilidades de entretenimentos que a tecnologia trouxe para a palma de suas mãos, tirando-os do tédio. Tédio salutar que pode colocá-los à frente de sua alma e existência.

Mas, em se tratando de paternidade, educação e internet, o que vai nos impactar mais são os alarmantes quadros de ansiedade e depressão que têm feito com que muitos filhos não encontrem mais seus pais para uma boa conversa, para uma boa brincadeira naquelas horas curtas de contato durante a correria da semana. E tudo isso vai culminar no sentimento de que é cada um por si, com suas emoções, frustrações e *pirações* em um mundo onde cada um tem que fazer seu dever na sociedade de modo a não criar problemas nas escolas, nos condomínios, nos clubes ou nos shoppings. Onde se escondem as autolesões.

Episódios de sofrimento mental dos nossos filhos são convites para uma obra nossa, consciente, diária e bem-empenhada. Obra compartilhada em casa, na escola, com os profissionais e na vida. Quando a gente percebe quantas crianças e jovens estão sofrendo e partem de nossas vidas, vemos os sonhos que a gente tinha e nos assustamos. Sonhos que não estavam na rotina diária do amor exigente que pais devem ter quando educam, limitam, frustram, proíbem e acompanham seus filhos de perto.

A internet trouxe a promessa e a realidade de uma resposta rápida que entorna dopamina nos nossos cérebros. O excesso de dopamina pode explicar quem age sem pensar. A internet tenta nos vender, e nos vende, a ideia de que suportar tristezas com as perdas, com as frustrações, com as limitações é coisa do passado. Desta maneira, muitas crianças crescem sendo educadas muito mais horas por dia por um *pseudo* suporte de um responsável pleno de algoritmos bacanas que dirigem suas emoções negativas para um "*restart*" sempre possível. Em uma religação no agora esvaziado de sentido, e alheio ao desconforto recente. Uma sobreposição de sentidos que nos dispersa, e nos proíbe de acumular histórias reais de superação assim que chegamos aos dias de hoje, quando vemos os pequenos corações deseducados para lidar com as perdas necessárias da vida. Ser pai ou mãe é ser guardião da infância e da vida de nossos filhos. E, ao nos tornarmos fontes de inspiração de impulsos solares para os que nos rodeiam, vemos que atuamos para a melhor potência deles no desempenho dos seus papéis vitais.

Sigamos! O presente é tão grande. Não nos afastemos. Não nos afastemos muito! Vamos de mãos dadas.

Referências

BRASIL. *Instituto Nacional de Estudos e Pesquisas Educacionais Anísio Teixeira. Relatório Nacional PISA 2015*. Brasília, DF: Inep, 2016.

FREIRE, P. *Pedagogia da esperança*: um reencontro com a pedagogia do oprimido. Rio de Janeiro: Paz e Terra, 1992.

PAYOT, J. *A educação da vontade*. 1. ed. Campinas: Edições Kírion, 2018.

16

A IMPORTÂNCIA DO BRINCAR NO DESENVOLVIMENTO INFANTIL

Este capítulo enfatiza a importância de pais e cuidadores investirem em tempo de qualidade nas brincadeiras com suas crianças. Destaca, ainda, o desenvolvimento de habilidades essenciais durante a infância que estarão presentes em todas as fases da vida.

PATRICIA DORNELLES BELASQUEM

Patricia Dornelles Belasquem

Mãe do príncipe Yago. Professora licenciada pela PUC-RS, educadora especial, neuropsicopedagoga, psicomotricista, especialista em psicopedagogia institucional e clínica, e em análise do comportamento aplicada. Idealizadora do espaço de aprendizagem Ateliê do Saber. Promove atendimentos interventivos, de orientação e assessoramento de crianças, adolescentes, famílias e escolas. Ministra workshops e palestras sobre os temas relacionados ao desenvolvimento infantil.

Contatos
Instagram: @patriciabelasquempsicopedagoga
@atelie_do_saber_

Tu criaste o íntimo do meu ser e me teceste no ventre de minha mãe.
Eu te louvo porque me fizeste de modo especial e admirável.
Salmos 139:13 e 14(a)

Em nossa jornada como pais, estamos sempre preocupados em fazer o melhor para nossos filhos. Muitas vezes, essa preocupação gera um sentimento de culpa, pois somos humanos e pensamos: "eu poderia ter feito mais" ou "eu poderia ter feito melhor".

A verdade é que não se trata de perfeição, mas do quanto estamos entregando, o que de melhor temos, para que nossas crianças se sintam amadas e importantes.

As estações mudam, a sociedade está mudando, as crianças têm grande acesso às informações, e, neste tempo e contexto, podemos observar o quanto precisamos buscar conhecimentos e estar com nossos corações dispostos a aprender para ensinar. Entendermos que não somos detentores de todo o conhecimento e que, assim como nossos pais erraram, também cometeremos erros. Mas que, independentemente das circunstâncias, estaremos dispostos a corrigi-los, sem apontar culpados, mas buscando, por meio de informações concisas e muito amor, o caminho para sermos nossa melhor versão em cada estação.

Segundo Chapman e Campbell (2017), somente a criança que se sente genuinamente amada e cuidada consegue manifestar o que há de melhor em si mesma. Para que a criança se sinta amada e cuidada, precisa perceber que é importante, e que a ela está sendo dedicado tempo de qualidade, momentos de conexões afetivas em que ela é prioridade, recebe atenção e afeto, sendo supridas, além das necessidades físicas, também suas demandas emocionais.

Quando consideramos que, para contribuirmos para o pleno desenvolvimento de nossas crianças, precisamos investir em tempo de conexão afetiva, em que a criança se sinta amada, cuidada, respeitada e tenha certeza da sua importância, podemos perceber que somos os reforçadores de habilidades nesse processo evolutivo.

A partir do nosso ambiente diário, podemos estimular em diferentes aspectos as aprendizagens das nossas crianças, contribuindo para as construções de habilidades físicas, psicossociais e cognitivas. Respeitando o tempo, espaço e, principalmente, os interesses da infância. As formas de estímulos devem ser lúdicas e prazerosas e, para isso, devemos considerar a forma mais acessível e encantadora, em que todas estas iniciativas estarão presentes, precisamos investir no belo ato de "brincar".

A importância do brincar para o desenvolvimento de habilidades de vida diária

Brinquedos e brincadeiras fazem parte da infância. Cada cultura possui características próprias quanto aos recursos que envolvem o brincar, sendo que os elementos podem ser físicos ou até imaginários.

A definição do dicionário para o verbo "brincar" é "distrair-se com jogos infantis; representar papéis fictícios; entreter-se com um objeto ou com uma atividade qualquer". Mas, quando nos referimos às conexões afetivas e ao processo de aquisição de novas aprendizagens através do brincar, vamos muito além de sua definição conceitual na língua portuguesa, pois é imprescindível para o desenvolvimento humano.

É através de brinquedos e brincadeiras que as crianças desenvolvem habilidades de extrema importância para seus progressos cognitivo, socioafetivo e psicomotor. É através da fantasia, por exemplo, que as crianças representam papéis de modelos sociais, nos quais experienciam vivências diárias, exploram movimentos corporais, exercitam a capacidade de tomada de decisão e habilidades de relacionamentos consigo e com o outro; todas as circunstâncias de acordo com o seu nível de compreensão e maturidade.

Mas, como desenvolver habilidades através do brincar? Naturalmente, as crianças se desenvolvem quando estão brincando; porém, os adultos cuidadores poderão ser os reforçadores destas habilidades. Ainda, enquanto bebês, podem ser ofertadas brincadeiras que servirão como estímulos. Por exemplo, quando os cuidadores dialogam com seu bebê, brincam de esconde-esconde (escondendo-se atrás das mãos/tecidos), apresentam objetos de diferentes formas, texturas e cores, estão estimulando habilidades cognitivas de percepção visual, percepção auditiva, de comunicação e outras habilidades sociais.

Um fator importante a ser considerado quando ofertados os estímulos é a qualidade de tempo investido. Para Piaget (1976, p.16), o afeto se faz essencial para o funcionamento da inteligência. "[...] vida afetiva e vida cognitiva são inseparáveis, embora distintas. E são inseparáveis porque todo intercâmbio com o meio pressupõe ao mesmo tempo estruturação e valorização". Mesmo que o tempo não seja prolongado, é necessário que seja significativo, sem distrações, como uso de aparelho celular ou outros eletrônicos. É importante que o momento seja singular de conexão e afeto entre a criança e o adulto.

Criar, experienciar, trocar, sentir e perceber são ações essenciais que podem ser estimuladas através do brincar. Estes estímulos irão proporcionar o desenvolvimento de habilidades que serão fundamentais para o crescimento saudável e estarão presentes em todas as fases da vida. Explorar os diferentes sentidos durante as vivências, proporcionar diversificadas experiências e, principalmente, explorar a criatividade e a imaginação através de brinquedos e brincadeiras são aspectos essenciais para um desenvolvimento pleno.

Em outras palavras, podemos, sim, auxiliar no desenvolvimento infantil de forma lúdica e prazerosa, atuando como reforçadores positivos neste processo. Estar presente, ofertar momentos de qualidade afetiva e muita diversão, servirão como base para a formação integral das nossas crianças.

Como brincar

Nos primeiros meses de gestação os bebês já estão em interação com o ambiente, através da formação da audição. Estimular através de canções e diálogos ainda na vida intrauterina é uma oportunidade linda e singular de conexão.

De 0 a 6 meses

Neste período, o bebê tem interesse pelo rosto humano. Explora e conhece o mundo através dos sentidos. Percebe e brinca com suas próprias mãos. Nesta fase, começa a interagir com objetos, costuma levá-los à boca de forma exploratória. Por volta dos seis meses, começa a perceber ao ser chamado pelo nome.

É importante conversar com a criança, gerar momentos de interações, de busca e sustentação do olhar. Mostrar chocalhos, objetos de diferentes cores, formas e texturas. Brincar de esconder-se atrás das mãos e tecidos, estimulando o interesse, a percepção auditiva e a busca visual.

De 6 meses a 1 ano

Período em que a criança começa a identificar utensílios de seu contexto. Consegue se engajar nas brincadeiras como "cadê" e "achou". Está desenvolvendo mais seus movimentos, passa a interagir com os objetos, nomeando-os. Compreende e atende a alguns comandos, realiza ações como bater palminhas, dar tchau e mandar beijos.

Ofertar brinquedos sonoros e ensinar canções com imitações de gestos estimulam habilidades sociais e de comunicação.

De 1 a 2 anos

Nesta fase, sua criança está muito ativa, interagindo ainda mais com os pais, cuidadores e com o meio onde está inserida. Está evoluindo no desenvolvimento da fala e comunicação. Demonstra grande gosto por explorar os objetos do seu contexto diário, como potes, tampas, panelas e outros utensílios. Ainda brinca muito sozinha, utilizando elementos concretos em suas brincadeiras.

Investir em atividades com bola auxilia na interação e reciprocidade social. Brincadeiras de empilhar blocos, rabiscar papéis, montar pequenos quebra-cabeças com peças grandes, influenciam o desenvolvimento cognitivo. Colocar pequenos brinquedos dentro de potes e caixas para que a criança abra e os pegue estimula o pensamento estratégico, resoluções de problemas e persistência.

De 2 a 3 anos

Neste período, a criança já consegue realizar uma narrativa simples de atividades que praticou, identifica, aponta e nomeia imagens em livros e pessoas da família em fotos. Associa sons às imagens.

Ofertar momentos lúdicos de contação de histórias, mostrar imagens, reproduzir sons de animais, montar quebra-cabeças de até quatro peças, brincar com blocos e peças de encaixe, explorar elementos naturais e cantar canções identificando as partes do corpo são formas de colaborar para o desenvolvimento motor e para a ampliação do tempo de atenção.

De 3 a 4 anos

A criança começa a ampliar seus conhecimentos, reconhece e diferencia algumas cores, reconhece as formas geométricas elementares e relaciona dimensões de tamanhos. Movimenta-se com maior destreza. Consegue incluir o outro em suas brincadeiras e fantasias, reproduz situações de seu dia a dia imitando atividades de adultos do seu contexto familiar.

Investir em brincadeiras ao ar livre em contato com a natureza, construir cenários, produzir utilizando recursos naturais, pular amarelinha, andar sobre uma "ponte" (linha reta) e aprender a andar em um triciclo são atividades que auxiliarão no desenvolvimento de habilidades sociais e motoras.

De 4 a 5 anos

Chegamos à fase dos "porquês"! A criança apresenta maior desenvoltura na fala e na compreensão da linguagem. É muito curiosa, formula e responde a questionamentos. Também se expressa muito através da música. Brinca com seus pares, demonstrando alegria.

Ofertar brincadeiras de modelagem, produções através de desenhos feitos a partir de diferentes materiais, rasgar papéis e produzir colagens. Brinquedos como bonecas, carrinhos, bolas, blocos de montagem e outros de interesse da criança podem ser incentivados em brincadeiras coletivas, a fim de favorecer as relações interpessoais e a reciprocidade social.

De 5 a 6 anos

Aqui a criança já consegue imaginar e contar uma história, é bastante comunicativa e gosta de contar sobre suas experiências. Identifica corretamente objetos pelo uso e é capaz de planejar uma atividade antes de realizá-la. É nesse período que ela começa a expressar e regular um pouco melhor as emoções.

Investir em brincadeiras utilizando tintas, misturar cores e descobrir novos tons, em jogos de palavras, como trava-línguas e rimas, identificar diferenças e semelhanças. Jogos que possuem regras, onde haverá maior regulação emocional e incentivo às interações com os pares, são interessantes. Encaixar peças, alinhavar, recortar e colar materiais estimulam as habilidades cognitivas, motoras e sociais.

Dicas importantes

- Identificar os interesses da criança, sentar-se à frente dela para estar em seu campo de visão, manter o contato visual e segui-la nas brincadeiras favorece a conexão afetiva e a interação durante os momentos de brincadeiras.

- Deixe a criança comandar a brincadeira, não tenha receio de imitar suas ações e, de forma muito tranquila, proponha variações, ampliando o repertório do brincar.
- Investir na qualidade de tempo ofertado, mostrar que a criança é a prioridade durante o ato de brincar. Lembre-se de que, para ser brincadeira, é preciso ser lúdico e prazeroso.
- Sempre tenha em mente que, além das habilidades que serão desenvolvidas, as memórias de momentos lindos, de muita conexão e amor estarão presentes em todas as fases da vida de seu filho.

Referências

CHAPMAN, G.; CAMPBELL, R. *As cinco linguagens do amor das crianças*: como expressar um compromisso de amor a seu filho. São Paulo: Mundo Cristão, 2017.

OLIVEIRA, J. B. A. *Desenvolvimento infantil*: o que desenvolve? Brasília: Instituto Alfa e Beto, 2017.

PIAGET, J. *A construção do real na criança*. Rio de Janeiro: Zahar, 1976.

VYGOTSKY, L. S.; LURIA, A. R; LEONTIEV, A. N. *Linguagem, desenvolvimento e aprendizagem*. São Paulo: Icone, 1998.

17

LIMITES COM AMOR

O capítulo discute a importância de educar com limites amorosos, explorando estilos parentais como autoritativo, autoritário, permissivo e negligente. Com base em evidências científicas, destaca o impacto positivo do estilo autoritativo (democrático) no desenvolvimento emocional, social e acadêmico das crianças, promovendo uma abordagem consciente, respeitosa e empática.

MARIANA LACERDA

Mariana Lacerda

É graduada em Terapia Ocupacional, mestre em Ciências da Reabilitação e doutora em Saúde da Criança e do Adolescente pela Universidade Federal de Minas Gerais (UFMG). Como pesquisadora, já integrou projetos nas áreas de desenvolvimento infantil, intervenção precoce e parentalidade. Tem formação em educação parental pela Positive Discipline Association e atua como escritora, produtora de conteúdo, palestrante e professora de cursos on-line e presenciais para educadores e pais sobre temáticas relacionadas à infância e práticas de educação positiva. Além disso, ministra aulas em cursos de pós-graduação on-line como professora convidada.

Contatos
marilacerdaoficial@gmail.com
Instagram: @marianalacerda.phd
31 99935 9128

Em um contexto histórico em que muitos de nós fomos educados e aprendemos a educar recorrendo ao uso do autoritarismo e da punição, este capítulo propõe uma abordagem consciente e empática, guiada pelos meus conhecimentos e prática de mais de sete anos como educadora parental e, principalmente, guiada pela ciência do desenvolvimento e por tudo o que temos atualmente de evidências científicas nesse sentido. Os princípios e as práticas que vou compartilhar com você neste capítulo são baseados em respeito, afeto e conexão.

Pensar em limites com amor é transformador porque nos dá a possibilidade de vivenciar o caminho do meio. De deixar o autoritarismo e a permissividade e aprender a lidar com a criança a partir de um olhar muito mais profundo. Muitos acreditam que propor às famílias, educadores e profissionais que pratiquem limites com amor no relacionamento com as crianças é algo recente e que parte de ideias apenas atuais. Mas não. Há muito tempo, teóricos, pesquisadores e escritores mencionam a importância e o impacto de lidar com as crianças com afeto e não com punições e violência.

Um exemplo disso é que, na década de 1960, a psicóloga Baumrind identificou três estilos principais de parentalidade: autoritário, permissivo e autoritativo (democrático). Posteriormente, na década de 1980, Eleanor Maccoby e John Martin expandiram a teoria de Baumrind, adicionando um quarto estilo parental, o estilo negligente (ou não envolvido). Eles também redefiniram os estilos parentais usando duas dimensões principais: exigência (controle) e responsividade (suporte emocional).

Quando falamos de limites com amor, de caminho do meio, de educação com respeito, estamos nos referindo a ideias e práticas relacionadas justamente ao que Baumrind chamou de estilo parental autoritativo (democrático). Segundo ela, o estilo parental autoritativo (democrático) é caracterizado por um equilíbrio entre exigências e responsividade. Ou seja, pais que adotam esse estilo são firmes em relação aos limites, regras e combinados, mas também são afetuosos e receptivos às necessidades e opiniões dos filhos. Pais com o estilo parental autoritativo (democrático) estabelecem regras e expectativas claras, mas também estão dispostos a ouvir e discutir as razões por trás dessas regras, promovendo um ambiente de comunicação aberta e respeito mútuo.

Veja um pouco mais sobre os estilos parentais:

1. Estilo autoritário

- **Características**: alta exigência, baixa responsividade. Pais autoritários têm expectativas altas e regras rígidas, exigindo obediência sem explicar as razões por trás das regras.
- **Impactos nas crianças**: tendem a ser obedientes e competentes, mas podem ter baixos níveis de felicidade, autoestima e habilidades sociais.

2. Estilo permissivo

- **Características**: baixa exigência, alta responsividade. Pais permissivos são indulgentes e evitam a imposição de regras, deixando as crianças tomarem muitas de suas próprias decisões.
- **Impactos nas crianças**: tendem a ter altos níveis de autoestima e habilidades sociais, mas podem ter problemas com autoridade e controle de impulsos.

3. Estilo autoritativo (democrático)

- **Características**: alta exigência, alta responsividade. Pais autoritativos estabelecem regras e expectativas claras, mas também são sensíveis às necessidades e sentimentos dos filhos. Eles explicam o raciocínio por trás das regras e incentivam a comunicação aberta.
- **Impactos nas crianças**: tendem a ser felizes, capazes e bem-sucedidas. Demonstram altos níveis de competência social e acadêmica e baixos níveis de comportamento problemático.

4. Estilo negligente

- **Características**: baixa exigência, baixa responsividade. Pais negligentes são indiferentes às necessidades dos filhos, não estabelecendo regras nem oferecendo suporte emocional.

- **Impactos nas crianças**: tendem a ter problemas de autoestima, autocontrole e competência social. Podem desenvolver problemas comportamentais e de apego.

É importante dizer que o aspecto mencionado da exigência (controle) se refere ao grau em que os pais estabelecem regras e expectativas e supervisionam os filhos para garantir que as sigam. Enquanto isso, o aspecto responsividade (suporte emocional) refere-se ao grau em que os pais são sensíveis às necessidades emocionais e de desenvolvimento dos filhos, oferecendo carinho, compreensão e apoio.

Percebe como seguir o caminho do meio na educação e no relacionamento com as crianças é, primeiramente, um movimento interno de desconstrução da ideia de que impor limites significa autoritarismo? Para colocar limites com amor, é preciso desafiar uma série de concepções equivocadas sobre a criança, como, por exemplo, a ideia de que, se não houver punição, a criança não aprenderá sobre os limites necessários. Para colocar limites com amor, é preciso desafiar a concepção de que o diálogo não basta e não ensina.

Para colocar limites com amor, é preciso desafiar crenças que estão arraigadas na nossa sociedade e consequentemente na nossa mente, e que influenciam na nossa maneira de lidar com a criança. Por exemplo, a crença de que crianças são "manipuladoras" e que se você não as manipular antes, elas vão te controlar, vão te dominar. Ou, por exemplo, a crença de que crianças não têm que querer nada ou a crença de que crianças não se sentem mal quando são humilhadas, envergonhadas ou desrespeitadas. Ou a crença de que as crianças não entendem o que explicamos e que, portanto, não são capazes de cooperar, a não ser que a gente ameace ou dê recompensas.

Para colocar limites com amor, é preciso entender e acreditar (porque temos evidências científicas suficientes para isso) que:

- Estabelecer limites claros e consistentes com amor é uma forma de demonstrar cuidado e segurança para a criança. Limites colocados com amor proporcionam à criança uma estrutura emocional que permite a ela explorar o mundo de maneira confiante, desenvolvendo autonomia e responsabilidade gradualmente. Crianças precisam sim de limites para entender o mundo ao seu redor e sentir-se seguras diante de caminhos desconhecidos, o que podem e o que não podem, o que devem e o que não devem fazer, o que diz respeito a elas e aos outros e o que não diz. Limites com amor ajudam as crianças a desenvolver habilidades sociais e emocionais.

- É muito importante comunicar limites de maneira calma e respeitosa, evitando ao máximo o uso de ameaças, punições ou gritos, que podem acabar minando a confiança da criança nos adultos responsáveis e, consequentemente, a confiança dela em si mesma, além de impactar diretamente o respeito mútuo. Limites com amor, estabelecidos dentro de um relacionamento baseado na confiança e na segurança emocional, ajudam as crianças a se sentirem amadas e valorizadas.
- É necessário desenvolver a nossa escuta ativa e a nossa empatia para com a criança. Somos convidados a trabalhar a nossa capacidade de entender e responder às necessidades emocionais, fisiológicas e sensoriais da criança de forma sensível e consistente, levando-as em consideração. Limites com amor fortalecem o relacionamento e o vínculo entre o adulto e a criança, promovendo um ambiente de aprendizado e crescimento emocional saudável. Limites com amor também são essenciais para o desenvolvimento saudável do cérebro da criança.

Portanto, tendo consciência de tudo isso, em vez de impor regras de forma unilateral, quero que você se sinta encorajado(a) a construir verdadeiramente uma relação de confiança e de respeito mútuo com a criança. Para te encorajar ainda mais, vou compartilhar algumas evidências científicas que temos em relação aos principais impactos dos estilos parentais em diferentes áreas de desenvolvimento e desempenho da infância. Veja só:

1. **Desenvolvimento emocional e social**: estilos parentais afetam diretamente o desenvolvimento emocional e social das crianças. Crianças de pais autoritativos (democráticos) tendem a desenvolver habilidades sociais e emocionais mais fortes, enquanto aquelas de pais autoritários ou negligentes podem ter dificuldades nessas áreas (Ong *et al.*, 2017; Zena & Heeralal, 2021; Salavera, Usán & Quílez-Robres, 2022; Khanum *et al.*, 2023).
2. **Desempenho acadêmico**: a parentalidade autoritativa (democrática) está associada a melhores resultados acadêmicos devido ao equilíbrio entre controle e suporte, que promove uma atitude positiva em relação à escola e ao aprendizado (Pinquart, 2016; Yang & Zhao, 2020; Amani, Nazifi & Sorkhabi, 2020; Boateng *et al.*, 2020; Hayek *et al.*, 2022).
3. **Comportamento e ajuste psicológico**: crianças de pais autoritativos geralmente exibem menos comportamentos problemáticos e têm melhores ajustes psicológicos, enquanto crianças de pais negligentes ou autoritários podem ter mais problemas comportamentais e emocionais (Pinquart, 2017; Jaureguizar *et al.*, 2018; Maiuolo, Deane & Ciarrochi, 2019; Sumargi, Prasetyo & Ardelia, 2020; Perez-Gramaje *et al.*, 2020).

Embora as evidências científicas que compartilhei acima remetam ao quanto oferecer à criança limites com amor promove o seu desenvolvimento saudável, é importante ressaltar aqui também que esta forma de educar e lidar com a criança tem muita potência para transformar a dinâmica familiar (e até mesmo escolar) positivamente, dando espaço para que todos os envolvidos tenham uma experiência enriquecedora e significativa.

Para finalizar este capítulo, deixo aqui dois lembretes muito importantes que vão te ajudar e guiar no caminho enquanto você busca colocar limites com amor:

- Os adultos precisam buscar recursos para desenvolver a sua habilidade em regular suas próprias emoções, pois quando melhoramos nossa autorregulação emocional, nos tornamos mais capazes de dar respostas calmas e ponderadas diante de situações desafiadoras com as crianças. Além disso, pais e cuidadores principais são importantes modelos de autorregulação emocional para as crianças, e isto quer dizer que a forma como lidamos com as nossas emoções influencia diretamente o modo como as crianças aprendem a lidar com suas próprias emoções.
- Ofereça limites, sim, mas não se esqueça de validar as emoções da criança. Às vezes, os adultos focam tanto em dar o limite e ensinar sobre um comportamento desrespeitoso ou inadequado que se esquecem que por trás de todo comportamento existe uma necessidade. A validação das emoções da criança é uma forma de ajudá-la a se sentir entendida, o que pode diminuir a intensidade do comportamento e deixá-la mais disponível emocionalmente para se conectar às suas orientações. Validar os sentimentos não significa concordar com o comportamento, mas sim reconhecer os sentimentos que moveram a criança àquela ação. Vale dizer que é muito importante e até mesmo necessário que os adultos direcionem a criança com sugestões de comportamentos positivos; afinal de contas, ela tem muito menos repertório e vivência para saber sozinha, por conta própria, o que ela pode realmente fazer.

Educar oferecendo limites com amor não se trata de criar regras, mas de construir um ambiente de respeito mútuo, crescimento emocional e aprendizado positivo. Espero que, após esta leitura, você enxergue essa construção sabendo que mesmo sendo muito desafiadora e trabalhosa, ela valerá muito a pena.

Com carinho,
Mariana Lacerda.

Referências

AMANI, M.; NAZIFI, M.; SORKHABI, N. Parenting styles and academic achievement of early adolescent girls in Iran: mediating roles of parent involvement and self-regulated learning. *European Journal of Psychology of Education*, v. 35, p. 49-72, 2020.

BAUMRIND, D. Child care practices anteceding three patterns of preschool behavior. *Genetic Psychology Monographs*, v. 75, p. 43-88, 1967.

BAUMRIND, D. Effects of authoritative parental control on child behavior. *Child Development*, v. 37, n. 4, p. 887-907, 1966.

BOATENG, S.; AMPOFO, E. T.; SEFAH, E. A.; BAAH, A.; AZEWARA, M. A. Pontificating the relationship between parenting styles and academic performance of senior high school students in the Kumasi Metropolis, Ghana. *Educational Research for Policy and Practice*, v. 20, p. 247-262, 2020.

HAYEK, J.; SCHNEIDER, F.; LAHOUD, N.; TUENI, M.; de VRIES, H. Authoritative parenting stimulates academic achievement, also partly via self-efficacy and intention towards getting good grades. *PLoS ONE*, 17, 2022.

JAUREGUIZAR, J.; BERNARAS, E.; BULLY, P.; GARAIGORDOBIL, M. Perceived parenting and adolescents' adjustment. *Psicologia, Reflexão e Crítica:* revista semestral do Departamento de Psicologia da UFRGS, v. 31, p. 1-11, 2018.

KHANUM, S.; MUSHTAQ, R.; KAMAL, M. D.; NISHTAR, Z.; LODHI, K. The influence of parenting styles on child development. *Journal of Policy Research*, v. 9, n. 2, 2023.

MACCOBY, E. E.; MARTIN, J. A. Socialization in the context of the family: parent-child interaction. *In*: MUSSEN, P. H. (ed.). *Handbook of child psychology*, v. 4. Nova Iorque: Wiley, p. 1-101, 1983.

MAIUOLO, M.; DEANE, F.; CIARROCHI, J. Parental authoritativeness, social support and help-seeking for mental health problems in adolescents. *Journal of Youth and Adolescence*, v. 48, p. 1056-1067, 2019.

ONG, M.; EILANDER, J.; SAW, S.; XIE, Y.; MEANEY, M.; BROEKMAN, B. The influence of perceived parenting styles on socio-emotional development from pre-puberty into puberty. *European Child & Adolescent Psychiatry*, v. 27, n. 1, p. 37-46, 2017.

PEREZ-GRAMAJE, A. F.; GARCÍA, Ó. F.; REYES, M.; SERRA, E.; GARCÍA, F. Parenting styles and aggressive adolescents: relationships with self-esteem and personal maladjustment. *European Journal of Psychology Applied to Legal Context*, 12, 1-10, 2020.

PINQUART, M. Associations of parenting dimensions and styles with externalizing problems of children and adolescents: an updated meta-analysis. *Developmental Psychology*, v. 53, n. 8, p. 873-932, 2017.

PINQUART, M. Associations of parenting styles and dimensions with academic achievement in children and adolescents: a meta-analysis. *Educational Psychology Review*, v. 28, n. 3, p. 475-493, 2016.

SALAVERA, C.; USÁN, P.; QUÍLEZ-ROBRES, A. Exploring the effect of parental styles on social skills: the mediating role of affects. *International Journal of Environmental Research and Public Health*, v. 19, n. 6, p. 3295, 2022.

SUMARGI, A.; PRASETYO, E.; ARDELIA, B. W. Parenting styles and their impacts on child problem behaviors. *Journal of Psychologists and Counsellors in Schools*, v. 19, n. 3, p. 269-285, 2020.

YANG, J.; ZHAO, X. Parenting styles and children's academic performance: evidence from middle schools in China. *Children and Youth Services Review*, v. 113, 2020.

ZENA, Y. M.; HEERALAL, P. The relationship between parenting style and preschool children's social-emotional development. *Universal Journal of Educational Research*, v. 9, n. 8, p. 1581-1588, 2021.

18

CRIANÇA DO MOVIMENTO

UM OLHAR PARA A INFÂNCIA COM MENOS DIAGNÓSTICOS E MEDICAMENTOS

João chega à primeira sessão apresentando comportamentos preocupantes aos olhos de seus pais. Seria algum transtorno: TDAH? TEA? A escuta e os ajustes corretos possibilitaram a João trazer sua potência à tona. Em tempos como os atuais, de patologização da infância e hipermedicalização das crianças, fica o convite de olhar para elas com as lentes das necessidades e não das dificuldades.

CECÍLIA ANTIPOFF

Cecília Antipoff

Guardiã das crianças. Mãe da Melissa e do Ian. Psicóloga infantil e familiar. Doutora em educação. Escritora e palestrante.

Contatos
Instagram: @ceciliaandradeantipoff_
YouTube: Cecília Antipoff

Lembro-me como se fosse hoje.

Era uma manhã chuvosa, em março de 2022, quando estive com o João (três anos) pela primeira vez.

Menino de olhos brilhantes e curiosos. Desbravador do seu entorno. Utilizando, para isso, todos os seus poros e órgãos dos sentidos.

Levantava-se da cadeira, circulava pela sala, pegava os brinquedos que via, degustando com intensidade cada novidade que se descortinava diante de seus olhos.

"Tá vendo, Cecília? Ele não para! É assim o tempo todo...".

Foi com essa frase, dita por sua mãe, que começou a primeira sessão em família: João, sua mãe e seu pai.

Além daquela "agitação toda" (aos olhos dos adultos), João apresentava alguns comportamentos que estavam mobilizando todo tipo de preocupação em seus pais. E muitos incômodos na escola.

João apresentava um atraso na fala e se recusava a brincar com as outras crianças. Evitava qualquer tipo de contato e se fechava a cada convite espontâneo que vinha de seus colegas para algum tipo de interação.

Além disso, apresentava dificuldade em mudar de atividade, especialmente quando estava gostando de fazer alguma coisa. Ou seja, a cada nova proposta trazida pela professora, um novo desafio transbordava em sala de aula: João chorava, gritava e se recusava a "obedecer" ou ceder às mudanças.

Os ruídos mais altos não passavam despercebidos por João, que, rapidamente, se afastava do grupo, chegando, por vezes, a deixar de participar de momentos de recreação, músicas e brincadeiras. Nessas horas, os cantinhos mais isolados e silenciosos eram os seus escapes preferidos.

Em tempos como os atuais, de uma patologização absurda da infância (com diagnósticos fechados na velocidade da luz) e hipermedicalização das crianças, dependendo do profissional ao qual João e sua família tivessem recorrido, certamente sairiam da primeira sessão com um laudo fechado. João já sairia enquadrado em um transtorno. Seja ele comportamental, como o Transtorno Opositivo Desafiador (TOD); seja neurobiológico, como o Transtorno do Déficit de Atenção e Hiperatividade (TDAH); seja do desenvolvimento, como o Transtorno do Espectro Autista (TEA).

E o que tenho dito aos quatro ventos, onde tenho a oportunidade de dar voz às crianças, é que está **muito difícil** ser criança hoje em dia.

A criança não pode mais brincar e se movimentar de forma mais intensa. Não pode perguntar ou falar mais do que o "esperado" para o mundo adulto, caso contrário, ela "certamente é hiperativa, tem TDAH".

A criança não pode mais se opor ao que o adulto propõe. Não pode mais chorar, gritar e fazer uma birra (como o mundo adulto gosta de nomear ao se deparar com uma criança expressando raiva, frustração, fome, sono, cansaço ou contrariedade)... que ela tem TOD.

A criança não pode mais não se abrir de imediato para o outro, esquivar o seu olhar, demorar um tempo maior para interagir ou precisar do adulto por perto para mediar o seu brincar com outras crianças que... ela tem autismo.

E, não!

Este não é um manifesto **contra** a elaboração de diagnósticos na infância.

Eu sou psicóloga infantil e familiar, e não seria irresponsável a este ponto. Um diagnóstico preciso, precoce, elaborado com critério e respaldo científico é muitíssimo bem-vindo e pode fazer toda a diferença na vida de uma criança e sua família.

Mas um diagnóstico precoce demanda **tempo**. Tempo de escuta da família e da criança.

Tempo para que sejam elaborados, juntamente com a família, ajustes na rotina, na forma de se comunicarem (incluindo referências de acolhimento e limites claros e respeitosos) e nos estímulos que fazem parte da vida e do cotidiano desta criança ou que são importantes, mas estão inexistentes (pode ser necessária a retirada daqueles que são danosos e aversivos ao seu desenvolvimento saudável, como o excesso de telas e de atividades, por exemplo; ou pode ser necessária a inclusão daqueles que são fundamentais e que não estão sendo incluídos em seu cotidiano, como o tempo livre; contato com a natureza frequente e tempo de qualidade em família, por exemplo).

Um diagnóstico precoce pode demandar, muitas vezes, meses para ser elaborado com precisão. E demanda um olhar multiprofissional.

Este também não é um manifesto contra a prescrição medicamentosa para uma criança.

Uma medicação, muitas vezes, transforma a vida de uma criança e sua família positivamente. Isto quando é dada de forma criteriosa, sendo acompanhada também de forma criteriosa, endossada por um diagnóstico precoce, elaborado com tempo, critério e profundidade.

Infelizmente, não é isso que vem acontecendo todos os dias, o tempo todo, em consultórios de profissionais da infância.

Crianças chegam em uma única consulta que dura 30, 20, 10, 5 minutos, e já saem com um laudo fechado, carimbado e assinado. Isso é gravíssimo! Um crime que vem sendo cometido dia após dia contra as crianças e contra a infância. E eu quero contar para vocês o porquê:

Os comportamentos que as crianças apresentam estão sendo usados de forma rasa e equivocada para endossar diagnósticos da magnitude de um TDAH, TEA, TOD quando, na verdade, o modo como uma criança se comporta, na maioria das vezes, traz nas entrelinhas **pedidos, sinais de necessidade de ajustes no contexto, na rotina e na comunicação.**

Uma criança que está muito fechada para o mundo e para as relações e que se incomoda muito com barulhos e ruídos pode ser uma criança que fica na tela o dia inteiro (e isto tem sido mais comum do que você imagina).

Uma criança que está se posicionando com frequência contra as pessoas que assumem o papel de autoridade (a mãe, o pai, a professora) e que faz o oposto do que pedem pode ser uma criança que não está se sentindo vista, escutada e acolhida (sem tempo de qualidade emocional com os pais) ou pode ser uma criança que está sem referência firme e clara de limites.

Uma criança que está muito agitada e desatenta pode estar com a rotina desalinhada ao que de fato é necessário e importante para as suas necessidades, lotada de atividades e estímulos.

Pode ser...

Mas é necessário **tempo** para mergulhar neste contexto, fazer os ajustes necessários e observar as reações e os comportamentos da criança diante destes ajustes.

É muito sério, grave e até irresponsável fechar um diagnóstico olhando apenas para os comportamentos que uma criança apresenta.

Os comportamentos não podem ser o nosso ponto de chegada. Mas devem sim ser o nosso ponto de partida.

Mas, e o João?

O João e sua família foram escutados.

Com calma.

Com responsabilidade.

Com amor.

Porque o trabalho com crianças e suas famílias deve ser feito com muito cuidado e respeito.

E o primeiro passo que precisa ser dado no atendimento infantil e familiar é a ESCUTA.

Escutar a história de vida da criança. Da família.

Sem críticas ou julgamentos.

Uma escuta "limpa", empática, na qual eu me conecto com a dor do outro como se fosse minha. Na qual eu me atento a cada detalhe e busco, nas entrelinhas do que foi dito, a sutileza e profundidade do não dito.

Trago aqui um pedacinho da história desta família. Da história do João.

Em 2020, João tinha um ano de idade.

Uma criança com um ano de idade (com desenvolvimento típico) está com todas as suas "janelinhas" abertas para as pessoas e para o mundo. Nessa idade, a criança tem sede de entender e se apropriar do mundo do qual faz parte. Ela busca o outro. O seu olhar. A sua presença. A sua atenção.

Nessa fase de sua vida, João, sua mãe e seu pai se fecharam de forma categórica dentro de um apartamento de 70 metros quadrados.

Na verdade, não só João e sua família, mas o mundo se fechou dentro de suas casas e apartamentos. O isolamento foi a única alternativa e saída para a nossa sobrevivência.

O pai de João fazia parte do grupo de risco acometido pela pandemia catastrófica pela qual passamos. E já nos primeiros três meses de pandemia, esta família perdeu duas pessoas próximas e muito significativas emocionalmente para eles.

O resultado disso foram dois anos completamente isolados do mundo, das pessoas e de qualquer outra convivência que não fosse a relação dos três. João, sua mãe e seu pai.

"Durante dois anos, o João não conviveu nem viu nenhuma criança de verdade...".

Esta frase que escutei na primeira sessão ecoou no meu coração algumas vezes: "Durante dois anos, o João não conviveu nem viu nenhuma criança de verdade...".

Uau...

Isso não é pequeno quando o que está "em jogo" é o olhar para uma criança, seu desenvolvimento e seus comportamentos.

Isso é **gigante**.

Ficamos em silêncio por alguns instantes daquela sessão.

Olhei nos olhos marejados daquela mãe.

Escutei o silêncio endurecido daquele pai.

E me conectei de forma completamente profunda com o coração do João.

Uma criança que passou dois de seus três anos de vida completamente isolada de qualquer convivência com outras crianças **vai estranhar novos contatos**.

Uma criança que passou dois de seus três anos de vida sendo "cuidada" por um celular, um tablet e uma TV (porque seus pais tiveram que trabalhar remotamente em horário integral de segunda a sexta-feira para sobreviverem e pagarem suas contas) **vai apresentar atraso na fala e muito provavelmente vai resistir a uma rotina diferente daquela em que tudo estava, relativamente sob controle, e em suas mãos**.

Uma criança que passou dois de seus três anos sendo a única **vai estranhar e se contrariar quando não tem suas necessidades escutadas de imediato**.

Uma criança que passou dois de seus três anos de vida praticamente todo o tempo nas telas, quando tem este "recurso" de distração retirado, **vai precisar colocar sua energia e suas necessidades corporais para fora de forma mais intensa**.

Além de tudo isso, trago aqui um último (mas não menos importante) detalhe sobre a história do pequeno João.

Sua entrada pela primeira vez na escola aconteceu em fevereiro de 2022. Ou seja, quando o recebi pela primeira vez, ele estava em pleno processo de adaptação escolar.

Agora vamos à cereja deste bolo:

João entrou na escola em um dia. Menos de duas semanas depois, sua irmã nasceu...

Uau!

Quanta informação importante e estruturante para compreender esta criança e os comportamentos que apresentava.

O resumo desta ópera é que, em agosto de 2022, João não apresentava mais atraso na fala (fez acompanhamento com uma fonoaudióloga e os pais mobilizaram uma retirada imediata do excesso e exagero ao acesso que tinha às telas). Não tinha mais desafio no relacionamento com os colegas (pelo contrário, era muito querido pelos amigos, assumia um lugar de liderança nas brincadeiras e momentos de interação). Não se incomodava mais com ruídos e barulhos altos (o que o ajudou neste sentido foi o tempo de adaptação e muito respeito e cuidado das professoras e da escola na condução, sem obrigá-lo a vivenciar determinadas situações que o deixavam muito incomodado e irritado, mas fazendo convites com acolhimento e respeito).

Apresentava sim certa resistência em mudar de atividade quando estava muito envolvido, mas nada que mobilizasse prejuízo em seu dia a dia na escola. As professoras aprenderam formas acolhedoras e, ao mesmo tempo, firmes, de lidar com João nesses momentos.

E qual foi "a mágica" para tanta transformação?

Não existiu mágica.

Existiu escuta.

Existiram ajustes e mudanças em sua rotina e em suas relações. O papel de sua mãe e seu pai foi absolutamente fundamental e implacável para os resultados que tivemos, assim como a abertura da escola para caminhar junto.

Não existiu mágica, assim como não existe atalho.

Quando uma criança apresenta comportamentos desafiantes e/ou que mobilizam prejuízos ou disfuncionalidade em sua vida (seja na autoestima, seja em suas relações, seja na realização de tarefas e atividades do cotidiano), as intervenções que se propõem devem ser imediatas. Mas intervir é muito diferente de fechar diagnósticos, consegue perceber isto?

E quanto àquela história de que o "João não para!"?!

Pois é...

João não é uma criança com nenhum tipo de transtorno. Não tinha TDAH. Não tinha TOD e não se encaixava no espectro do autismo.

João é uma **criança do movimento**.

Apresentava e continua apresentando sim uma necessidade de movimentação e experimentação corporal e sensorial maior do que aquela que o mundo adulto espera e até gosta.

Mas...

Tanto seus pais quanto sua escola estão olhando para ele com as lentes corretas.

Não de uma criança que tem **dificuldade** de ficar sentada e quietinha.

Mas, sim, como uma criança que tem **necessidade** de se movimentar mais enquanto faz as tarefas ou participa das atividades.

E a mensagem final que deixo aqui, para você, é que as crianças que se movimentam muito vão incomodar... porque nos tiram da nossa zona de conforto.

Mas eu, como mãe de uma criança do movimento que sou, já entendi: não é o meu filho que tem que se aquietar. Não são as crianças do movimento que precisam se aquietar. Mas sim o mundo adulto que precisa se movimentar para acompanhá-las e proporcionar as condições para que sejam quem são. Para que possam trazer as suas contribuições a este mundo em constante transformação **e movimento**...

19

EDUCAÇÃO DECOLONIAL

DA DOR AO AMOR

Este capítulo dedica-se ao resgate de uma criação, principalmente em lares de pessoas pretas, pardas, não brancas, da identidade e amor à negritude e seus reflexos na formação da autoestima da criança negra, consequentemente de adultos mais saudáveis e com autoestima elevada. Aprender a se amar é aprender a amar sua negritude e origens ancestrais, o que impacta diretamente a formação, a autoconfiança e a autonomia de pessoas pretas, disseminando o amor, no lugar da dor assimilada pelos resquícios colonizadores.

ELAINE ANDRADE DOS SANTOS

Elaine Andrade dos Santos

Pedagoga, mestre em administração e inovação. Apaixonada pela educação e pesquisadora autônoma e autodirigida da educação antirracista e seus reflexos no mundo, nas relações sociais e no mercado de trabalho. Casada, tia do Denner e da Duda, uma ativista da causa da autonomia e da autoconfiança das pessoas pretas. Sócia proprietária da E&AS Consultoria e Desenvolvimento. Consultora Organizacional e palestrante nas áreas de desenvolvimento humano e organizacional intencional, diversidade, principalmente étnico-racial e etarismo.

Contatos
elaine.andrade.santos@hotmail.com
LinkedIn: elaineandradesantos

A família é a base do desenvolvimento primário das relações e do desenvolvimento. Porém, você deve estar se perguntando, por que *decolonial*? O que quer dizer essa palavra? Então, vamos começar por contextualizar (sem a pretensão de conceituá-la).

O termo *decolonial*, ou *decolonialidade*, representa um instrumento crucial para resistir e desconstruir padrões, conceitos e perspectivas que foram impostos aos povos minorizados e inferiorizados ao longo da história. Além disso, propõe uma reavaliação crítica das principais estruturas sociais, ressaltando a negritude. Esse pensamento surge para ampliar a voz e a visibilidade dos povos subalternizados e oprimidos, que foram silenciados por muito tempo.

Como mulher preta, de cabelos crespos, cresci em meio ao sentimento de vergonha por meus traços afrodescendentes, meu cabelo (chamado de ruim), e reprimida pelos diversos adjetivos (pejorativos) com os quais as mulheres negras eram ressaltadas. Meu cabelo era alisado com química, que feria o couro cabeludo na busca ilusória por um cabelo liso que me aproximasse mais da imagem que era (ainda é) valorizada. Queria insistentemente, e de forma sofrida e doída, apagar meus traços e ser aceita em uma sociedade que venera a imagem representativa de uma branquitude exaltada. Isso tudo, olhando agora, é extremamente duro para uma criança e para seu processo de formação de identidade. É aí que nasce a dor e ela persiste enquanto o olhar que prevalece é o externo, ou seja, aquele distorcido pelo conceito unilateral do que é belo. Belo aos olhos de quem? Precisamos fazer o resgate dessa identidade negra e nos orgulharmos dela para que a raiva, muitas vezes contida, seja ressignificada para o amor, principalmente o autoamor, o autocuidado e a autoempatia. E, assim, o autorrespeito, que encoraja e impulsiona a se assumir, plenamente, como uma menina negra, ou seja, a valorizar-se tal qual é e suas origens.

A identidade refere-se à maneira como indivíduos e grupos percebem e expressam a si mesmos, assim como são reconhecidos pelos outros. É um conceito multifacetado que envolve vários aspectos da vida de uma pessoa, incluindo fatores pessoais, sociais e culturais.

Entender a identidade é essencial para compreender a dinâmica das relações humanas e as interações sociais, pois ela influencia como as pessoas se comportam, como se relacionam com os outros e como percebem seu lugar no mundo. Mas, essencialmente, como se relacionam consigo mesmas. É nesse ponto que o papel de pais, responsáveis, cuidadores e educadores torna-se urgente para transformar essa realidade imposta e reivindicar, de forma crítica, um lugar de representatividade. Por onde começar?

Em busca de uma identidade negra autêntica

Lembro-me, na minha infância, de que nunca havia visto uma boneca negra. Os modelos eram baseados em estereótipos disseminados como superiores e detentores da inteligência e da beleza. Essa profunda tristeza me acompanhou em boa parte da minha história, infância e adolescência. Ainda hoje, em épocas de inteligência artificial, TikTok, está muito presente essa descaracterização do negro, da sua beleza e inteligência. E, de repente, retomo todo esse histórico de dor, quando uma adolescente, a quem atendo e acompanho, senta-se diante de mim e expressa com angústia e sofrimento sua dor mais profunda, por não se considerar bonita o suficiente, por não ter o cabelo bonito o bastante, por não ser aceita em seu ciclo estudantil. Sua dor era genuína, profunda e absurdamente grande. De onde vem tudo isso? Da falta de estímulo ao amor pela negritude.

O resgate do amor à negritude é um processo contínuo e coletivo que requer esforço e dedicação para desconstruir narrativas negativas, valorizar a história e a cultura negra, e promover um futuro de respeito e orgulho racial. O que também depende da busca por uma identidade negra autêntica, passando por um processo contínuo e transformador, que exige esforço coletivo e individual para desconstruir estereótipos, valorizar a história e a cultura negra, além de construir um futuro de igualdade e respeito.

Identidade negra e autoestima

Certamente, é crucial destacar o amor à negritude. Fomos ensinados, sob a imposição de um sistema que representa a dominação branca sobre os negros, a ver a branquitude como o único padrão de beleza verdadeiro e tudo relacionado à cultura branca como algo refinado, elegante e de qualidade. Esse sistema permeia a educação, que acaba por silenciar as representações da beleza da cultura negra e da própria pessoa negra.

Valorizar e amar a negritude não significa desmerecer a branquitude, mas sim exaltar a beleza das diferenças. Ver na diversidade algo belo e digno nos leva a respeitar uns aos outros, reconhecendo que somos lindamente distintos. Nas escolas, as crianças são expostas a uma variedade de conhecimentos e experiências, mas raramente são incentivadas a perceber e analisar a cultura africana, suas raízes e matrizes. Muitas crianças negras não se veem representadas nas histórias que lhes são contadas.

A autoestima e a negritude estão profundamente interligadas, especialmente no contexto de uma sociedade que historicamente marginalizou e desvalorizou a cultura negra. Promover a autoestima entre pessoas negras envolve reconhecer e celebrar a beleza, a história e a cultura negra, bem como desafiar os padrões eurocêntricos de beleza e valor que têm prevalecido.

Portanto, a educação familiar precisa introduzir e reforçar essas origens. Apenas ao (re)conhecer nossas bases podemos verdadeiramente amá-las e, quando nos apropriamos delas, nos tornamos autônomos e apaixonados por nossa negritude. Isso fortalece nossa autoestima, sem copiar outros modelos, aprofundando a temática com mais calor e emoção.

Amar a negritude é um ato de resistência e empoderamento. É afirmar que a beleza e o valor da cultura negra são tão importantes quanto de qualquer outra, e que todas as pessoas merecem ser respeitadas e valorizadas por quem são. É através desse reconhecimento e celebração da negritude que a autoestima pode ser fortalecida, permitindo que as pessoas negras se sintam confiantes, empoderadas e capazes de alcançar seus objetivos.

Fortalecer a autoestima das pessoas negras, portanto, envolve reconhecer e celebrar sua identidade, história e cultura. É crucial que a educação, a mídia e a sociedade em geral reflitam positivamente a história e a cultura negra, apresentando heróis e heroínas negros, valorizando as contribuições da cultura africana e afro-brasileira e reconhecendo as lutas e conquistas das pessoas negras.

Além disso, as famílias e comunidades negras desempenham um papel vital ao reforçar esses valores desde a infância, criando um ambiente em que as crianças negras possam se sentir orgulhosas de sua herança e identidade. Isso é fundamental para combater os efeitos negativos de um sistema que frequentemente perpetua a inferiorização e desvalorização das pessoas negras.

Somente por meio do reconhecimento e da celebração da negritude é possível fortalecer a autoestima das pessoas negras, permitindo que se sintam confiantes, empoderadas e capazes de alcançar seus objetivos, enfrentando os desafios com determinação e orgulho de sua identidade.

Como desenvolver uma identidade com a negritude

Os sentimentos de inferioridade e inadequação frequentemente emergem da comparação com os outros e podem indicar uma profunda necessidade de reconhecimento, aceitação e conexão com nossa própria jornada, que é única e complexa, mas igualmente significativa. No contexto da construção de uma identidade negra, é fundamental reconhecer e celebrar a riqueza e a diversidade da cultura e história afrodescendente. Isso envolve um processo consciente de autoconhecimento e valorização de nossas raízes, em que cada aspecto da nossa trajetória é honrado e celebrado.

Desenvolver uma identidade positiva com a negritude requer a construção de um amor profundo por essa identidade, que passa pelo entendimento das lutas e conquistas históricas, pela apreciação das contribuições culturais e pela afirmação do valor intrínseco de cada indivíduo. Esse processo inclui educar-se sobre a história e as realizações da comunidade negra, conectar-se com outras pessoas que compartilham experiências semelhantes e envolver-se em espaços onde a negritude é celebrada e afirmada.

É também essencial confrontar e desmantelar os estereótipos e preconceitos internalizados, substituindo-os por uma narrativa de orgulho e resiliência. Cultivar uma identidade com a negritude também envolve a aceitação de que nossa trajetória é marcada por desafios, mas que esses desafios são parte integrante do que nos torna fortes e resilientes.

Aprendemos sobre comparação muito cedo, desde sempre. O tempo de falar, de andar, de escrever, de ser isso ou aquilo… esses parâmetros inevitáveis que nos colocam à frente ou atrás dos outros e, quase sem perceber, entendemos que é pela régua alheia que medimos a nossa. O vestibular, as conformidades sociais, o tempo de cada coisa. Foi mãe nova, foi mãe velha. Tem X anos e não se casou? Casou-se e se separou? Tem dinheiro para viajar e não pode comprar um imóvel? Viaja muito, não trabalha?

São tantas as nossas respostas para as perguntas que não nos fizeram. Vygotsky, um renomado estudioso da educação, afirma que a comparação é uma parte natural do desenvolvimento em interação social. No entanto, a comparação frequentemente revela desigualdades, o que pode ser doloroso. A verdadeira dor não reside na comparação em si, mas no desconhecimento das etapas e esforços necessários para alcançar o que os outros alcançaram.

Refletindo sobre experiências pessoais, já senti a dor de não ter, não ser, não poder, não chegar onde queria, ou de ser quem sou. Essa dor está profundamente enraizada na estrutura da formação inicial, que ocorre primeiramente no seio familiar, com os cuidadores, responsáveis e pais. Essas pessoas mais próximas desempenham um papel crucial na modelagem de nossas percepções e autoimagem.

Para desenvolver uma identidade saudável e positiva, especialmente no contexto da negritude, é essencial que essas figuras de apoio adotem uma postura encorajadora e empática. Construir um senso de comunidade e pertencimento, em que o amor pela nossa identidade é reforçado e nutrido por meio de relacionamentos de apoio e solidariedade. Eles devem validar as experiências e sentimentos da pessoa, promovendo a autoaceitação e o orgulho pelas próprias raízes. Isso envolve educar e sensibilizar sobre as realidades históricas e sociais que moldam as experiências de vida, oferecendo um entendimento mais profundo e contextualizado.

Além disso, é importante que as pessoas próximas incentivem a exploração das próprias habilidades e talentos, ressaltando a importância do esforço pessoal, da autoaceitação e da resiliência. Oferecer modelos positivos e histórias de sucesso dentro da própria comunidade pode servir como fonte de inspiração e motivação.

Nesse sentido, desenvolver uma identidade forte e positiva, especialmente no contexto da negritude, requer um ambiente de apoio e compreensão, no qual a comparação é usada construtivamente para fomentar crescimento e autoconhecimento. As pessoas próximas têm um papel vital em criar essa base, fornecendo o suporte necessário para enfrentar e superar os desafios, promovendo uma jornada de autodescoberta rica e significativa.

Considerações finais

A autoafirmação da negritude parte do pressuposto de uma educação que reforce e valorize as representações que historicamente desvalorizam a identidade negra, por meio de um racismo estrutural, desconstruindo esse constructo social. Para que essa autoestima seja verdadeiramente sólida e duradoura, é essencial que haja uma educação contínua sobre a rica herança cultural e histórica da negritude. Isso inclui o estudo de figuras históricas importantes, a apreciação da arte e literatura negras, além da compreensão das lutas e conquistas ao longo dos séculos.

Assim, a autoestima construída sobre a valorização da cultura, história e identidade negras não é apenas um ato de reconhecimento individual, mas uma declaração poderosa de pertencimento e empoderamento. Para tanto, é importante, ainda, reforçar:

- **Representação positiva**: é essencial que pessoas negras, desde a infância, vejam suas culturas e histórias representadas de maneira positiva na educação, mídia e outras esferas sociais. A visibilidade de figuras históricas e contemporâneas negras que fizeram contribuições significativas ajuda a contrabalançar narrativas negativas e estereótipos prejudiciais.
- **Educação e consciência cultural**: promover a compreensão e apreciação das raízes africanas e afrodescendentes é vital. A educação que inclui a história e a cultura negra de maneira respeitosa e completa contribui para que pessoas negras se sintam orgulhosas de sua herança e identidade.
- **Comunidade e apoio**: o papel das famílias e comunidades negras é crucial na construção da autoestima. Ambientes que celebram a negritude, oferecem apoio e reforçam a autovalorização ajudam a combater a internalização de preconceitos e a promover uma autoestima robusta.
- **Não comparar**: amar a negritude e valorizar a própria identidade são atos de resistência contra a opressão. Isso fortalece a autoestima, capacitando indivíduos negros a desafiar sistemas de discriminação e a afirmar seu valor em todas as áreas da vida.

Referências

ANJOS, R. S. A. dos. *A África, a educação brasileira e a geografia*. *In*: BRASIL MEC/SECAD. Educação anti-racista: caminhos abertos pela Lei Federal n. 10.639/03. Brasília: MEC/SECAD, 2005. p. 167-184.

HOOKS, B. *Olhares negros, raça e representação*. Tradução: Stephanie Borges. São Paulo: Elefante, 2019.

OLIVEIRA, L.; CANDAU, V. Pedagogia decolonial e educação antirracista e intercultural no Brasil. *Educação em Revista*, Belo Horizonte, v. 26, n. 1, 2010.

SEVERINO, A. J.; ROMÃO, N. P. Posições decolonizantes no pensamento filosófico-educacional no Brasil. *In*: SEVERINO, A. J.; MARCONDES, O. M. (orgs.) *Filosofia da educação na América Latina*: diálogos, aproximações e perspectivas. São Paulo: Cartago, 2019.

20

CONSEQUÊNCIAS DE MAUS-TRATOS NA INFÂNCIA

O presente capítulo discorre sobre os maus-tratos na infância e suas consequências, seu impacto na saúde emocional, entre outros, e os efeitos nocivos ao longo da vida. Aborda a importância da identificação dos fatores de risco e as medidas preventivas para o combate à violência. Ressalta a importância das relações de vínculo nos primeiros anos de vida, as quais irão impactar as nossas relações sociais e interpessoais até a vida adulta. Por fim, apresenta a capacidade de adaptação do cérebro ao meio, segundo a neurociência.

IRENE SOUZA

Irene Souza

Casada com Renê, mãe de um casal de filhos, o Renê Júnior e a Carla, casada com o Guilherme. Avó da Lara, residente em Belo Horizonte, gosta de ler, de esportes, de natureza e de viajar. É psicóloga formada pela Faculdade Pitágoras (Belo Horizonte/MG), pós-graduada em Neuropsicologia, no Centro Universitário UNA - Contagem/MG e pós-graduanda pelo Instituto Pedagógico Brasileiro (IPB). É psicoterapeuta especializada em terapia cognitivo-comportamental. Palestrante em saúde mental e relacionamentos.

Contatos
irene.psicologia14@gmail.com
Instagram: @psi_irenesouza
31 99782 8001

Introdução

Os maus-tratos na infância estão diretamente relacionados a diversas consequências na saúde mental, causando grande impacto social. Pesquisas apontam a relação de doenças psiquiátricas na idade adulta que são comumente associadas aos maus-tratos na infância.

Práticas de maus tratos violam direitos e trazem efeitos nocivos que podem se prolongar ao longo do tempo, tornando-se fundamental sua identificação, denúncia e prevenção.

Maus-tratos são atos extremos ou de omissão, seja pelos pais ou cuidadores. Suas consequências psicológicas podem afetar de forma aguda a saúde mental de uma criança até a entrada na idade adulta.

A violência é definida pela Organização Mundial da Saúde (OMS) como:

> Uso intencional da força física ou do poder real ou em ameaça, contra si próprio, contra outra pessoa, ou contra um grupo ou uma comunidade, que resulte ou tenha qualquer possibilidade de resultar em lesão, morte, dano psicológico, deficiência de desenvolvimento ou privação (Krug *et al.*, 2002, p. 5 *apud* Ferreira, 2022).

Segundo Silva (2002 *apud* Ferreira, 2022), é por meio das relações sociais e interpessoais que a violência pode acontecer, sempre envolvendo as relações de poder. Uma pesquisa revelou que o abuso retarda o desenvolvimento do cérebro nos primeiros cinco anos de vida, e é na primeira infância que se iniciam e são estabelecidos padrões de comportamento, competência e aprendizagem.

Crianças que sofrem maus-tratos apresentam um risco moderadamente aumentado de depressão na adolescência e na idade adulta. As consequências "podem resultar em adultos socialmente passivos, emocionalmente insensíveis, com dificuldade de confiar e estabelecer relacionamentos e com ambivalência afetiva", conforme ressalta a supervisora da Vara da Infância e da Juventude/DF.

Sabe-se que o início da depressão pode começar na infância, sendo fundamental a intervenção precoce antes que surjam os sintomas. Segundo pesquisadores, a depressão está comumente associada ao abandono e ao abuso físico e sexual.

Outros tipos de transtornos psiquiátricos na idade adulta que são frequentemente associados aos maus-tratos na infância são os transtornos de personalidade, transtornos alimentares, abuso ou dependência de álcool e transtorno de estresse pós-traumático.

Estudos avançados da psicologia, neurociência e psicopatologia revelam que o cérebro é um órgão altamente apto à capacidade de sobrevivência em situações que implicam desafios, condições inesperadas e até mesmo condições traumáticas. Da mesma maneira, o cérebro é capaz de se adaptar a ambientes tóxicos ou nada saudáveis, podendo impossibilitar o desenvolvimento psicológico.

Os tipos de maus-tratos

- **Violência física**: tapa, espancamento, beliscões, chutes, queimaduras ou qualquer ação de violência extrema.
- **Negligência emocional**: indiferença, sujeitar a criança às circunstâncias que estão além do seu grau de maturidade, podendo causar danos ao desenvolvimento cerebral da criança, como queima de neurônios e problemas de aprendizagem.
- **Negligência**: omissão aos cuidados básicos para o desenvolvimento da criança, privação de alimentos, como má alimentação, falta de vestimentas apropriadas e abandono; em situações extremas pode levar a criança a óbito.
- **Violência psicológica ou emocional**: ação depreciativa que gere sofrimento emocional na criança, afetando sua autoestima, sendo característicos dessa classe a rejeição, a agressão verbal, o desrespeito, a discriminação, a superproteção, a manipulação etc.
- **Abuso sexual**: toque ou carícias sexuais, imposição ao envolvimento de atividades sexuais, relações sexuais.

Fatores de risco ambientais

Avaliando a prevalência de maus-tratos infantis relatados no mundo, 80% dos casos acontecem em casa e são praticados pelos pais ou responsáveis.

Em países menos desenvolvidos há maior incidência de violência infantil; quanto menos desenvolvido, maior é a ocorrência de maus-tratos. No Brasil, esse índice é extremamente alto comparado a outros países.

Os fatores de risco são: pobreza, baixa escolaridade, histórico de maus-tratos na infância, violência familiar, problemas de saúde mental, abuso de álcool e drogas.

Nas redes sociais, é importante os pais ficarem atentos ao uso excessivo da tecnologia, ao tipo de acesso disponibilizado, atentando-se ao cyberbullying (tipo de violência praticada contra alguém por meio da internet), que envolve pedofilia, sequestros, entre outros. O abuso da internet tem início na permissividade e indiferença dos pais e cuidadores.

A parentalidade e sua implicação no desenvolvimento cerebral e na saúde mental

Na primeira infância, ocorrem grandes avanços nos circuitos cerebrais. Neste período, são desenvolvidas habilidades de aprendizagem, desenvolvimento e memória.

Cabe ressaltar a importância das relações de vínculo nos primeiros anos de vida que o bebê constrói com as primeiras figuras cuidadoras, tipicamente representadas pelos pais.

Na infância e adolescência, há períodos elevados de crescimento neuronal, os quais são considerados como períodos sensíveis e críticos de desenvolvimento cerebral e do crescimento psicológico. Entretanto, o cérebro está em contínua mudança e transformação, que se mantém ao longo da vida.

Na área cultural e afetiva, cada cérebro traz a sua individualidade, que é gerada e desenvolvida por experiências que se iniciam desde o útero materno e se perpetuam por toda a vida.

Um ambiente com relacionamento seguro e amoroso proporcionará à criança um desenvolvimento psicológico eficaz, que auxiliará na vivência interpessoal e na exploração da curiosidade. Por outro lado, o rompimento desse laço afetivo proporcionará efeitos prejudiciais irreversíveis em sua personalidade, reduzindo os comportamentos de exploração e danos em suas relações interpessoais.

Um estudo realizado no México, com adultos na faixa etária entre 26 e 38 anos, traz relatos de vítimas de negligência, abuso sexual e violência física por um ou ambos os pais.

Os pesquisadores identificaram nos participantes consequências dos traumas infantis na vida adulta, como: incapacidade parental, emoções e vínculos inseguros, excesso de cuidados e ausência de limites na criação.

A influência das emoções em nossas vidas

Emoções como a raiva e o medo são emoções primitivas, existentes desde o nascimento, e são ativadas na amígdala cerebral, responsável pela regulação das emoções.

Em situações de medo e estresse, os hormônios do estresse, que são adrenalina, cortisol e noradrenalina, são liberados no corpo, bombeando sangue para as extremidades. O coração se acelera e prepara a pessoa para lutar ou fugir.

Um estudo de metanálise realizado na Universidade de Cambridge, Inglaterra, mostrou que a raiva e o medo, mesmo compartilhando a mesma origem (a amígdala), apresentam efeitos diferentes: o medo aumenta a atenção; enquanto a raiva a reduz e leva a pessoa a focalizar no sentimento de injustiça.

Quando sentimos raiva, nosso organismo detecta ameaça, humilhação ou violação de regras. A raiva extrema proporciona uma intensa dor de cabeça na região frontal gerada pelo excesso ou por não nos permitirmos sentir essa emoção. É importante sentirmos raiva, mas ela não pode ser sentida com tanta frequência e intensidade; afinal, pode causar prejuízos ao organismo, como aumento da pressão arterial, infarto, cefaleia etc. Se na infância temos experiências repetidas em que não podemos expressar nossas emoções, podemos nos tornar adultos que não sabem regulá-las, tendo como consequência ataques explosivos de raiva ou comportamentos agressivos com as nossas crianças.

É necessário auxiliar a criança a identificar suas emoções, e uma forma de fazer isso é ajudá-la a reconhecer que está tudo bem sentir raiva, que ela faz parte das nossas emoções.

Educação consciente

Na infância, é importante nos atentarmos ao comportamento positivo da criança ao invés de focar só no negativo, incentivar o bom comportamento ao invés de apontar somente os erros. Reforçar o comportamento positivo é fundamental para encorajar a criança a repetir, explorar e extrair o melhor.

A adolescência é uma fase delicada e de descobertas. Fisicamente, o corpo passa por mudanças hormonais que geram alterações no comportamento. É um período que é visto pelos pais como de rebeldia, contestação e isolamento; na óptica do desenvolvimento, essas mudanças são naturais, e o adolescente passa a preferir dividir suas experiências com os amigos do que com a família.

É importante tentar manter um ambiente aberto para um diálogo positivo, criar momentos de uma conversa franca e aberta com os filhos, proporcionando a eles apoio para esclarecer dúvidas e questionamentos que venham a surgir. Também é interessante criar combinados claros, e não impor suas necessidades sem compreender qual é a necessidade dos seus filhos.

É importante que os pais deem oportunidades para que os filhos participem das decisões, assumindo as consequências. Quanto mais imposição, mais resistência. A troca de experiências entre os pais de filhos em idades próximas, a busca por orientação na escola ou até mesmo com terapeutas são estratégias importantes para uma relação saudável.

Na vida adulta, como seres sociais, a neurociência explica que nosso cérebro é considerado um órgão social. Mesmo com experiências traumáticas vivenciadas na infância ou na adolescência, a capacidade de adaptação está a serviço tanto do lado positivo quanto do lado negativo.

Do lado positivo, diante de experiências adquiridas em uma boa relação afetiva com os pais e/ou cuidadores, o cérebro irá identificar as experiências vividas como desafios.

Do lado negativo, mesmo diante de experiências vividas em uma relação desajustada com os pais ou cuidadores, o cérebro também é capaz de se adaptar a esse meio insano. Todos esses modos de adaptabilidade podem permanecer ativos no psiquismo, ao longo da vida.

Entretanto, quando nos relacionamos com outras pessoas, quando interagimos, tais condutas promovem mudanças no interior do nosso cérebro para se adaptar às novas situações, o que influencia a construção das redes cerebrais.

O cérebro humano é um órgão potencialmente especializado para novas adaptações, possui a capacidade de lidar com os desafios que surgem na vida. Portanto, vale ressaltar que os alicerces fornecidos pelos nossos primeiros cuidadores e pessoas que foram afetivamente significativas são marcas para o nosso crescimento e bem-estar físico e psicológico. Esses alicerces são fundamentais para a reorganização saudável do cérebro, nos permitindo enfrentar os desafios e quaisquer obstáculos que possam surgir no cotidiano.

Armand Nicholi (2005, p. 126) descreve em seu livro "A qualidade dos nossos relacionamentos é um barômetro bastante preciso da nossa saúde emocional."

Consideração final

As consequências dos maus-tratos na infância, como a dor e o sofrimento, privam a criança de um desenvolvimento adequado, ao provocar uma ruptura nessa fase, deixando marcas em toda a sua vida.

Medidas de prevenção e proteção da sociedade como um todo, dada a vulnerabilidade das crianças, são necessárias para o combate à violência. É fundamental conscientizar a população acerca da complexidade desse tema e como ele afeta negativamente a vida do indivíduo por toda sua existência.

A educação consciente é respeitosa e encorajadora, dotada de senso de aceitação e importância, de sentimentos de pertencimento, com uma estrutura familiar forte e responsável, visando ao esforço e não à perfeição, com foco em um efeito de longo prazo.

É fundamental que os traumas decorrentes dos maus-tratos na infância sejam identificados, denunciados e, acima de tudo, que sejam tomadas medidas preventivas por parte dos pais ou cuidadores para resolução e proteção dos vulneráveis.

A busca por um especialista é determinante para um tratamento eficaz em busca de alcançar uma boa qualidade de vida. Diante de tais recursos, a garantia da confiança, segurança e autoestima bem estabelecidas, além da tomada de decisões assertivas nos possibilitam resolver as adversidades que possam surgir ao longo da vida.

Referências

DAPHNE, A. Entenda as dimensões dos maus-tratos contra crianças. *Tribunal de Justiça do Distrito Federal e dos Territórios*, 2021. Disponível em: https://www.tjdft.jus.br/informacoes/infancia-e-juventude/noticias-e-destaques/2021/maio/entenda-as-dimensoes-dos-maus-tratos-contra-criancas#:. Acesso em: 20 mar. 2024.

DESLANDES, S.; ASSIS, S.; GOMES, R.; NJAINE K.; CONSTANTINO, P. *O livro das famílias*: conversando sobre a vida e sobre os filhos. Sociedade Brasileira de Pediatria (SBP). Fundação Oswaldo Cruz (Fiocruz). Ministério da Saúde, 2005. Disponível em: https://www.sbp.com.br/fileadmin/user_upload/publicacoes/livro_das_familias2012. Acesso em: 18 abr. 2024.

FERREIRA, E. *A psicologia do Brasil*: teoria e pesquisa. Ponta Grossa: Atena, 2022. Disponível em: https://atenaeditora.com.br/catalogo/post/experiencias-adversas-na-infancia-as-implicacoes-da-violencia-infantil-durante-a-vida-adulta. Acesso em: 19 maio 2024.

FORTES, P. A importância de manter um diálogo aberto com pré-adolescentes. *Clube de Leitura Quindim*, 26 jan. 2022. Disponível em: https://quindim.com.br/blog/dialogo-aberto-com-pre-adolescentes. Acesso em: 3 maio 2024.

LIMA, M. *Parentalidade positiva*-v. 1. Parentalidade Positiva como Prevenção da Violência Infantil, 2022.

LIPP, M.; E. N; MALAGRIS, L. E. N. *O treino cognitivo de controle da raiva*: o passo a passo do tratamento. Rio de Janeiro: Cognitiva, 2010.

MELO, M.; FARIA, A.; MELLO, A.; CARPENTER, L.; TYRKA, A. R.; PRICE, L. H. Maus-tratos na infância e psicopatologia no adulto: caminhos para a disfunção do eixo hipotálamo-pituitária-adrenal. *Revista Brasileira de Psiquiatria*, v. 31, n. 2, 2009. Disponível em: https://www.scielo.br/j/rbp/a/Cd5w9P9Y47RYHkpgsHPpmSC/?lang=pt. Acesso em: 18 mar. 2024.

NICHOLI JR., A. M. *Deus em questão*: C. S. Lewis e Freud debatem Deus, amor, sexo e o sentido da vida. Viçosa: Ultimato, 2005.

PONCIANO, E.; CARNEIRO, T. Relação pais-filhos na transição para a vida adulta, autonomia e relativização da hierarquia. *Psicologia do Desenvolvimento*. v. 27, n. 2, 2014. Disponível em: https://doi.org/10.1590/1678-7153.201427220. Acesso em: 5 abr. 2024.

ROCHA, M. M.; EMERICH, D. R.; PORTO, P. F. B. Desafios atuais na prática clínica infantil. *In*: MIYAZAKI, M. C. O. S; TEODORO, M. L. M.; GORAYEB (coord.). *Programa de atualização em psicologia clínica e da saúde*: ciclo 1, v. 1. Porto Alegre: Artmed Panamericana, 2017.

REDE de proteção: agressões causam duras consequências nas crianças. *Ministério Público do Paraná*, 2017. Disponível em: https://mppr.mp.br/Noticia/REDE-DE-PROTECAO-Agressoes-causam-duras-consequencias-nas-criancas#:~:text=Esses%20abusos%20ou%20omiss%C3%B5es%20podem,precoce%20e%20comportamento%20social%20violento. Acesso em: 22 mar. 2024.

REFUNDINI, J. O cérebro na infância e na adolescência: trajetórias do neurodesenvolvimento. *Instituto Conectamos.com*, 2023. Disponível em: https://institutoconectomus.com.br/o-cerebro-na-infancia-e-na-adolescencia-trajetorias-do-neuro-desenvolvimento/. Acesso em: 15 jun. 2024.

VASCONCELOS, A. O cérebro social: compreendendo o cérebro como um órgão social. *Revista Portuguesa de Psicanálise e Psicoterapia Psicanalítica*, v. 10, 2019. Disponível em: https://www.apppp.pt/revista/o-cerebro-social-compreendendo-o-cerebro-como-um-orgao-social_81#:~:text=O%20c%C3%A9rebro%20humano%20%C3%A9%2C%20desta,tendo%20ao%20longo%20da%20vida. Acesso em: 26 maio 2024.

21

COMPREENDENDO A RAIZ DO BULLYING NAS ESCOLAS

O capítulo aborda a complexidade do bullying escolar, enfatizando a importância do ambiente familiar na formação do comportamento das crianças. Fatores como cultura escolar negativa, dinâmicas de grupo e problemas de autoestima são destacados como contribuintes para o bullying. A autora propõe estratégias de prevenção, incluindo a educação sobre empatia, a promoção de um ambiente inclusivo e a comunicação clara de políticas contra bullying. O reconhecimento de que tanto vítimas quanto agressores precisam de apoio é fundamental para a construção de uma escola mais segura e acolhedora.

CARLA SANTOS

Carla Santos

Pedagoga com especialização em gestão escolar. Gestora escolar há mais de dez anos. Educadora parental. Palestrante em escolas sobre temas relacionados à educação respeitosa.

Contatos
carlaeducacaopositiva@gmail.com
Instagram: @carlaeducadoraparental
31 98223 4465

Além da minha formação como pedagoga e experiência como mãe, tenho uma enorme bagagem como gestora escolar.

Observando o comportamento desafiador de alguns alunos, percebi a necessidade de conhecer o ambiente familiar dessas crianças como forma de conquistar melhorias de comportamento no ambiente escolar.

Durante esses anos, concluí que as crianças expressam na escola o que aprendem e absorvem em casa, mesmo que inconscientemente.

Um aluno de cinco anos de idade, da minha escola, portador do transtorno do espectro autista (TEA), estava se desentendendo com um colega de sala. Certo dia, esse colega fez alguns comentários negativos e ele reagiu com um chute na boca do amigo.

Desentendimentos, conflitos, desavenças e brigas fazem parte do cotidiano escolar. Assim como faz parte do cotidiano escolar aprender a negociar, conversar e respeitar uns aos outros.

Essas questões pelas quais nós educadores passamos são normais, embora capazes de gerar em nós, pais, o sentimento de "raiva", impedindo que as crianças aprendam e desenvolvam habilidades de relacionamento por meio dessas situações.

O aluno que foi a vítima passou a trazer de casa argumentos e insultos ensinados pela família com o intuito de defendê-lo do colega agressor.

Bullying é um assunto sério e triste, e pode acontecer em qualquer escola. Ele não escolhe metodologia de ensino ou valor de mensalidade.

Nós, professores e pais, precisamos buscar mecanismos para enxergar e entender onde o bullying se inicia e como minimizar essa prática dentro das escolas.

O lar é geralmente o ambiente mais significativo nos primeiros anos de vida de uma criança. As interações com os pais, cuidadores e membros da família moldam a forma como a criança percebe o mundo, aprende a se relacionar com os outros e desenvolve habilidades sociais e emocionais.

Onde nasce o bullying

A formação inicial da personalidade de uma criança ocorre principalmente durante os primeiros anos de vida, sendo influenciada sobretudo pelo ambiente familiar e pelas interações sociais iniciais. No geral, a família não ensina explicitamente a criança a praticar bullying. No entanto, certas dinâmicas familiares podem inadvertidamente contribuir para comportamentos de bullying.

- **Falta de ensino de habilidades sociais adequadas**: se os pais não ensinam habilidades de comunicação eficazes, resolução de conflitos e empatia, as crianças podem recorrer a comportamentos agressivos ou dominantes para lidar com situações sociais desafiadoras.
- **Reforço inadequado de comportamentos agressivos**: se a família não corrige ou não discute adequadamente comportamentos agressivos ou de bullying quando ocorrem, isso pode transmitir à criança a mensagem de que tais comportamentos são aceitáveis ou eficazes para alcançar objetivos.
- **Negligência emocional**: quando as necessidades emocionais da criança não são atendidas adequadamente em casa, ela pode desenvolver dificuldades em expressar suas emoções de maneira saudável, o que pode levar à frustração e a comportamentos agressivos como forma de lidar com esses sentimentos.
- **Modelagem de comportamento**: as crianças aprendem muito observando como os adultos ao seu redor lidam com conflitos e interações sociais. Se os pais ou cuidadores adotam comportamentos agressivos ou intimidadores para resolver problemas, a criança pode imitar esses comportamentos ao interagir com os colegas.

A criança é vítima de bullying doméstico quando escuta de seus pais ou cuidadores frases como:

"Você não sabe fazer nada direito."

"Por que você não é inteligente como seu irmão?"

"Você não entende nada do que eu falo."

"Você é muito burro."

"Você é muito lerda."

"Você só tira notas baixas, não adianta pagar nada para você."

"Eu me arrependo amargamente de você ter nascido, foi um atraso na minha vida."

"Você é muito preguiçoso e não presta para nada."

Nem todas as crianças que enfrentam esses desafios familiares se tornam agressoras ou praticam bullying. O comportamento de uma criança é influenciado por uma combinação de fatores genéticos, ambientais e sociais. A maioria dos pais deseja ensinar valores positivos e comportamentos éticos aos seus filhos, mas às vezes podem precisar de suporte adicional para ajudar as crianças a desenvolverem habilidades sociais saudáveis e aprenderem a lidar com conflitos de maneira construtiva.

Quem pratica o bullying precisa de ajuda

Sempre falamos da vítima que sofreu o bullying e nos esquecemos do autor (vítima camuflada de agressor). Nós, mães, pais e educadores, precisamos enxergar e ajudar esse inimigo que evitamos ver, usando a empatia para entender esse desequilíbrio emocional que vivemos hoje.

Muitas vezes, o agressor apresenta uma propensão natural para resolver conflitos de maneira agressiva ou dominante. O agressor pode sentir a necessidade de dominar seus colegas ou sentir-se superior a eles, usando o bullying como meio de alcançar e manter essa posição.

Ambientes familiares disfuncionais, abuso, negligência ou problemas emocionais não resolvidos podem contribuir para o comportamento agressivo do agressor. Em certas situações, o agressor pode buscar reconhecimento ou aceitação de um grupo específico que valorize comportamentos agressivos.

Ironicamente, alguns agressores podem intimidar outros como uma forma de lidar com sua própria falta de autoconfiança ou insegurança.

O que precisamos entender é que, assim como um iceberg, onde apenas uma pequena parte está visível acima da superfície da água, o bullying também possui aspectos que podem não ser imediatamente aparentes. Observe:

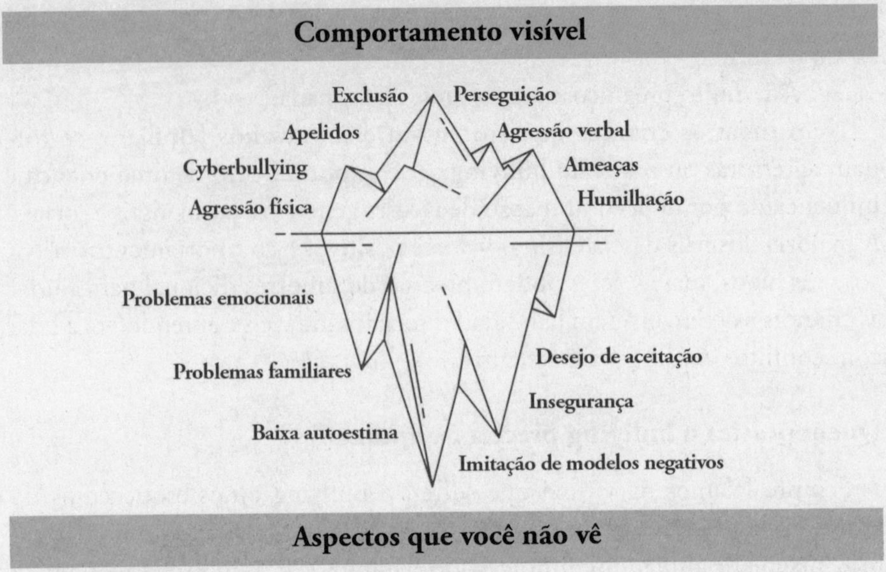

Elaborada pela autora.

Introdução ao bullying escolar

Os fatores contribuintes para o bullying nas escolas podem ser diversos e variam dependendo do contexto específico de cada instituição. Aqui estão alguns dos principais fatores que podem contribuir para o bullying escolar:

Ambiente escolar e cultura

- Clima escolar negativo, onde a tolerância com comportamentos agressivos é alta.
- Falta de políticas claras contra o bullying ou inadequação na implementação destas.
- Hierarquias de poder entre alunos que perpetuam comportamentos de dominação e exclusão.

Relacionamentos interpessoais

- Dinâmicas de grupo que favorecem a exclusão de certos alunos.
- Inabilidade de alguns alunos em lidar com conflitos de maneira construtiva, optando por comportamentos agressivos.

Fatores individuais

- Diferenças individuais como aparência física, etnia, orientação sexual, entre outros, que podem tornar um aluno mais vulnerável ao bullying.
- Problemas de autoestima ou habilidades sociais deficientes que tornam um aluno alvo fácil para os agressores.
- Fatores familiares:
- Ambientes familiares disfuncionais ou abusivos que modelam comportamentos agressivos.
- Falta de supervisão ou orientação dos pais sobre o comportamento dos filhos.

Manifestações de bullying

O bullying se manifesta nas escolas de várias formas e é importante estar atento não apenas aos tipos de bullying, mas também às dinâmicas e padrões de comportamento que podem criar um ambiente hostil e prejudicial para os alunos. Reconhecer e abordar o bullying de forma eficaz requer ação coletiva de educadores, pais e comunidades para promover um ambiente escolar seguro e acolhedor para todos os estudantes.

As principais formas de manifestações do bullying na escola são: bullying físico, verbal, social, cyberbullying, bullying sexual, bullying por preconceito ou discriminação.

Estratégias de prevenção ao bullying

A prevenção ao bullying é fundamental para criar um ambiente escolar seguro e positivo. Existem várias estratégias que escolas, pais e comunidades podem implementar para reduzir a incidência de bullying:

- Estabelecer políticas claras e explícitas contra o bullying, que sejam comunicadas a todos os membros da comunidade escolar.
- Implementar programas educacionais sobre bullying para alunos, professores e funcionários da escola.
- Ensinar habilidades sociais e emocionais aos alunos para ajudá-los a reconhecer e lidar com o bullying.
- Realizar palestras, workshops ou atividades que promovam o respeito mútuo e a empatia.
- Fomentar uma cultura escolar de respeito, inclusão e aceitação das diferenças.
- Estabelecer canais de comunicação abertos para que os alunos possam relatar incidentes de bullying de forma segura e confidencial.

- Responder prontamente a relatos de bullying, investigando de maneira imparcial e aplicando medidas disciplinares apropriadas.
- Engajar os pais no combate ao bullying através de reuniões, workshops e materiais informativos.

Ensinando a criança a se defender do bullying

O bullying existe, não podemos negar, mas podemos ensinar as crianças a não sofrerem com ele, o que envolve capacitá-las com habilidades sociais, autoconfiança e conhecimento sobre como lidar com situações desafiadoras no dia a dia escolar. Incentivar as crianças a desenvolverem uma imagem positiva de si mesmas, reconhecendo suas qualidades e pontos fortes, através de conversas em casa, na escola ou até mesmo através de jogos ou brincadeiras. É importante ensinar também técnicas de autocontrole emocional e como responder de maneira assertiva em situações de conflito entre os colegas da escola.

Treinar as crianças em habilidades sociais, como comunicação eficaz, respeito pelos outros e capacidade de resolver conflitos de forma construtiva. Praticar o respeito pelas diferenças e valorizar a diversidade, promovendo um ambiente de aceitação entre todos.

Ensinar às crianças como reconhecer sinais de bullying, tanto quando são vítimas quanto quando testemunham comportamentos agressivos com outros, incentivando as crianças a comunicarem qualquer situação de bullying que enfrentem ou testemunhem imediatamente a um adulto de confiança.

Conversar com as crianças e conscientizar sobre a importância de ser um amigo solidário e como apoiar os colegas que podem estar enfrentando bullying.

Frases para desenvolver resiliência e empoderamento para as crianças se defenderem do bullying:

"Não gosto quando você me trata assim. Por favor, pare."

"Isso não é engraçado. Por favor, pare de me incomodar."

"Eu não aceito ser tratado dessa maneira. Quero que você pare com isso."

"Todos merecemos ser tratados com respeito, inclusive eu."

"Vou contar ao professor/pais sobre o que está acontecendo."

"Eu sei que posso contar com meus amigos e professores para me ajudar."

"Vou me afastar agora. Não quero mais conversar sobre isso."

"Sei que tenho o direito de estar seguro e feliz na escola."

Essas frases encorajam a criança a expressar seus sentimentos e estabelecer limites claros, ao mesmo tempo em que promovem a busca de ajuda adulta quando necessário. É importante enfatizar que a defesa contra o bullying deve ser sempre feita de maneira segura e respeitosa, promovendo um ambiente escolar positivo para todos.

Como a escola pode empoderar e encorajar crianças e adolescentes na prevenção do bullying:

Prevenir o bullying é um desafio complexo que exige uma abordagem abrangente e proativa. As escolas têm um papel vital na criação de um ambiente seguro e acolhedor que desencoraje comportamentos de bullying e promova a empatia e o respeito. Algumas maneiras pelas quais as escolas podem empoderar e encorajar crianças e adolescentes para prevenir o bullying são:

- **Educação e sensibilização**: implementar programas educacionais sobre o que é o bullying, suas consequências e a importância do respeito mútuo. Incluir atividades que ensinem habilidades sociais e emocionais, como empatia e resolução de conflitos. Organizar eventos regulares com especialistas que abordem o bullying e suas formas. Envolver alunos, pais e funcionários para garantir uma compreensão abrangente e um compromisso compartilhado.
- **Promoção da empatia e do respeito**: facilitar atividades que promovam a cooperação e a compreensão mútua entre os alunos. Jogos e projetos em grupo podem ajudar a fortalecer laços e reduzir tensões. Usar livros, vídeos e histórias que destacam a importância da empatia e do respeito. Discutir exemplos positivos de comportamento para inspirar os alunos.
- **Ambiente escolar positivo e inclusivo**: fomentar uma cultura escolar que celebre a diversidade e promova a inclusão. Garantir que todos os alunos se sintam respeitados e valorizados, independentemente de suas diferenças. Criar áreas seguras e acolhedoras para as quais os alunos possam ir caso se sintam ameaçados ou inseguros. Garantir que todos saibam a quem recorrer em caso de necessidade.
- **Políticas e procedimentos claros**: estabelecer e comunicar políticas claras contra o bullying. Certificar-se de que todos os alunos, pais e funcionários estejam cientes dessas políticas e dos procedimentos para relatar casos de bullying. Treinar professores e funcionários para reconhecer sinais de bullying e intervir de maneira eficaz. Isso inclui como apoiar as vítimas e lidar com os agressores de forma construtiva.
- **Empoderamento/encorajamento dos alunos**: implementar programas de mentoria onde alunos mais velhos possam orientar e apoiar alunos mais jovens, ajudando a criar um ambiente de cuidado e apoio. Encorajar

os alunos a se tornarem líderes positivos, oferecendo treinamento em habilidades de liderança e oportunidades para assumir papéis de responsabilidade na escola.

- **Promoção de habilidades de resolução de conflitos**: ensinar técnicas de resolução de conflitos e habilidades de comunicação para que os alunos possam resolver desentendimentos de maneira pacífica e construtiva. Oferecer serviços de mediação para ajudar os alunos a resolver disputas antes que elas se agravem e se transformem em bullying.
- **Monitoramento e avaliação**: monitorar e avaliar regularmente a eficácia das políticas e programas antibullying. Coletar feedback dos alunos, pais e funcionários para identificar áreas que precisam de melhorias e ajustar as abordagens conforme necessário.

Implementar essas estratégias pode ajudar a criar uma cultura escolar que desencoraje o bullying e promova um ambiente de respeito e apoio para todos os alunos. Ao empoderar crianças e adolescentes e envolver toda a comunidade escolar, é possível construir um espaço onde todos se sintam seguros e respeitados.

Ao longo deste capítulo, exploramos profundamente o tema do bullying nas escolas, um problema complexo que afeta não apenas os indivíduos envolvidos diretamente, mas também toda a comunidade educativa. O bullying não é apenas uma questão de comportamento inadequado entre crianças, é um reflexo de dinâmicas sociais, culturais e estruturais que precisam ser abordadas com seriedade e comprometimento.

Ao final, é crucial lembrar que o combate ao bullying requer um esforço coletivo. Pais, educadores, profissionais de saúde mental, legisladores e toda a sociedade têm um papel a desempenhar na criação de um ambiente seguro e acolhedor para todas as crianças e adolescentes. Juntos, podemos trabalhar para cultivar um futuro no qual a empatia, o respeito mútuo e a justiça prevaleçam sobre o medo, a intimidação e a exclusão.

Espero que este livro sirva não apenas como um guia informativo, mas como um chamado à ação para transformar nossas escolas em espaços onde todos possam aprender, crescer e prosperar livremente, sem o peso do bullying. Está em nossas mãos criar um mundo mais justo e compassivo para as gerações futuras.

22

COMPORTAMENTO AUTOLESIVO E SUICÍDIO NA ADOLESCÊNCIA

UM OLHAR COMPREENSIVO SOBRE A DOR E O DESEJO DE AUTODESTRUIÇÃO

Seria o sintoma o problema, ou uma forma "problemática" de lidar com algum problema? Este capítulo traz um olhar sistêmico sobre os comportamentos autolesivos e o desejo de autodestruição na adolescência, provocando reflexões que buscam compreender esses sintomas como tentativas desesperadas de mudança e transformação.

CAROLINA DANTAS

Carolina Dantas

Nasceu Carolina, filha de Zoraia e Ivan. No campo das escolhas e missões de vida, está aprendendo a ser mãe com Gael e tem três anjinhos no céu, que lhe ensinaram a ser mãe de filhos que não nasceram. Segue tornando-se psicóloga e escritora na caminhada. Como psicoterapeuta sistêmica e mestra em intervenções clínicas e sociais, direcionou sua atuação profissional em três linhas principais: a da docência e da pesquisa no campo das relações de gênero e violência contra mulheres; a do atendimento clínico e orientação individual, de famílias e de casais; e a de palestrante e facilitadora de rodas de conversa e grupos de estudo e autoconhecimento. Do desejo de encontrar e reencontrar pessoas e sentidos, nasceu o projeto "Para cuidar de nós", em que oferece um lugar de pausa, reflexão e transformação de histórias. No campo das adolescências, é cofundadora da comunidade de terapeutas Adolescências Plurais e coautora do livro *Meu adolescente: diálogos, memórias, conexões*.

Contatos

Instagram: @carolinadantas_psicologia
@meuadolescente
@adolescenciasplurais

E Clarisse está trancada no banheiro
E faz marcas no seu corpo com seu pequeno canivete
Deitada no canto, seus tornozelos sangram
E a dor é menor do que parece
Quando ela se corta, ela se esquece que é impossível ter da vida
Calma e força, viver em dor.
Legião Urbana. "Clarisse"

Lá fora, o termômetro marcava 34 graus.

Mas, independentemente da temperatura, Clarisse[1] chegava sempre com seu moletom largo, cobrindo quase metade do seu corpo, jogava a mochila no chão, próximo ao sofá, e fixava seu olhar em algum ponto da sala, geralmente no canto esquerdo da porta.

Na quarta sessão, enquanto riscava o papel tentando fazer um desenho sobre sua dor, ela disse que precisava me mostrar uma coisa. Eu já sabia o que era, mas ela ainda não tinha se sentido pronta para me mostrar. Subiu lentamente as mangas da blusa e, como quem conta um segredo, revelou suas marcas – algumas já cicatrizadas, outras em carne viva. Era como um diário secreto escrito em código.

Marcar o corpo, lesionar membros ou pele, furar, tatuar, cortar são comportamentos presentes em diversas sociedades e possuem diferentes significados. Os indígenas, por exemplo, tatuam a pele com diversas finalidades, como para demarcar hierarquia; em outras culturas, cortar parte da pele ou do corpo faz parte de alguns rituais de passagem, como casamentos e início de ciclos de vida (Costa, 2014). Neste capítulo, vamos falar das marcas na pele enquanto "sintoma", que será compreendido aqui como um caminho não verbal encontrado pela alma para manifestar um problema ou sofrimento.

1 Nome fictício.

Na clínica, trata-se de um comportamento direto e intencional de se autolesionar – cortar-se, morder-se, estapear-se, arrancar cabelos ou peles das unhas ou da boca sem a intenção de morrer. Estudos indicam uma prevalência dessas condutas na adolescência,[2] sendo elas significativamente mais numerosas em meninas (Braga, Dell'aglio & Dalbosco, 2013).

A adolescência é uma fase de "passagem" que marca a transição da infância para a vida adulta. Nessa travessia, o desejo de individuação e separação – deixar de ser filho de alguém, para ser alguém – junta-se à necessidade de pertencer ao mundo e, ao mesmo tempo, de se proteger do mundo.

Nesse "ritual de passagem" que é a adolescência, o corpo está em plena metamorfose e é comum o adolescente não se reconhecer ou não se sentir bem na própria pele. Ela se apresenta como o limite entre o Eu e o Mundo e torna-se front de batalha para os conflitos de identidade e de sentido típicos da adolescência.

Le Breton, sociólogo francês, coloca que as escarificações[3] são um recurso de sobrevivência utilizado pelos jovens em sofrimento e que, ao contrário do que muitos pensam, elas não refletem uma vontade de se autodestruir ou de morrer, mas tentativas de viver (Le Breton, 2010). O adolescente passa a "sentir na pele" aquilo que está difícil de sentir na alma, provocando a própria dor para diminuir sua dor.[4]

Outra função dos comportamentos autolesivos na adolescência é a resolução de algum conflito interpessoal. Ferir-se passa a ser uma estratégia de chamar atenção para si e mobilizar sentimentos de empatia e compaixão, por exemplo (Le Breton, 2010).

É importante considerar o sintoma como um caminho e não como o grande mal. É atacando sua pele que alguns adolescentes encontram uma forma de receber a atenção que tanto desejam, ou de camuflar alguns sentimentos insuportáveis sobre si mesmos e sobre o mundo. O comportamento autolesivo é, no fundo, uma tentativa de retomar o controle da situação.

Voltemos à história de Clarisse. Ela revelou que se cortava quando sentia que ia perder o controle de si, pois assim conseguia se acalmar. Isso pode parecer estranho e ilógico, mas tem explicações fisiológicas: quando causamos algum dano ao nosso corpo, liberamos opioides, principalmente encefalinas e

---

2 Para compreender melhor a classificação e a função da conduta autolesiva, sugiro a leitura do artigo *Aspectos conceituais da conduta autolesiva: uma revisão teórica* (Santos & Faro, 2018).

3 Ou Transtorno de Escoriação, segundo o *DSM-5* (2013).

4 No álbum *As quatro estações*, Renato Russo canta que "Toda dor vem do desejo de não sentirmos dor". O cantor sofria de depressão.

endorfinas, que funcionam como analgésicos naturais e promovem a sensação de prazer e bem-estar (Tardivo *et al.*, 2019; Perry & Winfrey, 2022). Ferir-se passa a ter a função de autorregulação emocional, já que provoca a redução de emoções desconfortáveis, como ansiedade, tensão, autocensura, autocobrança.

Por meio dessa dissociação emocional (transpor para a pele a dor da alma), Clarisse encontrou um jeito de se autorregular e manter-se viva. Os cortes aliviavam, mesmo que momentaneamente, a pressão que sofria em relação aos estudos, à escolha da profissão, ao vestibular e o medo de decepcionar seus pais. Um caminho dolorido, é verdade, mas um caminho.

Essa história aconteceu há mais de 15 anos e, apesar de tanto tempo e tantas outras "Clarisses" que vieram depois, confesso que ainda ouço a voz daquela menina dizendo baixinho enquanto cobria novamente suas marcas com as mangas do moletom: "Eu não consigo mais viver sem fazer isso comigo, mas quero aprender". Clarisse não tem a dimensão do quanto me ensinou sobre o desejo de viver.

Mas, e quando a intenção é a autodestruição? E quando a dor é tão profunda e a desilusão diante das possibilidades de transformação da realidade é tão grande que a única saída é o fim?

Aqui adentramos no campo das condutas autolesivas com o objetivo de autodestruição. Quando o suicídio é o caminho, outros caminhos já foram testados sem sucesso. Não é sobre coragem, nem sobre covardia. Quando um adolescente enxerga a morte como meio de solucionar seus problemas, é porque ele chegou a um estado extremo de desespero. Todos os seus pedidos de socorro foram ignorados e toda forma de comunicação da dor foi negligenciada ou não compreendida. Ele quer que algo mude, se transforme, mas já não consegue acreditar que seja possível.

Os comportamentos autolesivos suicidas subdividem-se em: ideação suicida (pensamentos, ideias, planejamento e desejo de se matar), tentativa de suicídio e suicídio consumado (Braga, Dell'aglio & Dalbosco, 2013). De acordo com a Organização Mundial da Saúde (OMS, 2010), é a segunda principal causa de morte na adolescência. Isolamento social, abandono, violência intrafamiliar, história de abuso físico ou sexual, psicopatologias, impulsividade, estresse, uso de álcool e outras drogas, traumas, suporte social insuficiente, sentimentos de solidão, desespero e incapacidade, suicídio de um membro da família, pobreza, decepção amorosa, bullying, homossexualidade, depressão, sensação de não pertencimento são alguns dos fatores que mais contribuem para as altas taxas de suicídio na adolescência.[5]

É importante salientar que ninguém se suicida "do nada". A conduta suicida é um processo, envolve todo o sistema familiar e segue uma trajetória. A passagem ao ato é sempre precedida de alguns sinais e pedidos de ajuda não ouvidos, não compreendidos, não acolhidos. "A crise desencadeada pela tentativa de suicídio é uma experiência complexa, construída pelas histórias passadas, pelas presentes e pelas expectativas em torno do futuro [...]" (Krüger & Werlang, 2010, p. 59). Quando assola um adolescente, é ainda mais perturbadora, já que cronologicamente eles ainda são sementes do que há de vir e têm todo um futuro pela frente. A boa notícia é que, por ser um processo, geralmente há espaço para intervenções importantes.

Finalizo essa reflexão com algumas considerações sobre a autolesão e o suicídio enquanto sintoma individual, social e familiar:

1. O mundo moderno tende a olhar de maneira fragmentada para a realidade, inclusive para o próprio ser humano, seu corpo e seus sintomas. Cada sofrimento e cada ferimento recebe nome e diagnósticos individualizados e, em consequência disso, remédios e soluções são oferecidos como promessas de cura. Entendo que cada sujeito é único, mas não acredito que enxergar o ser humano como um ser fracionado e desconectado do restante do planeta seja solução. Ao contrário, acredito em uma profunda conexão entre alma, corpo e natureza, e neste sentido concordo com os xamãs e curandeiros ancestrais. Eles acreditam que, no fundo, a causa dos nossos sintomas é a mesma e está relacionada com a nossa solidão, com a baixa conectividade e o distanciamento físico e emocional de outros seres humanos, da natureza e de tudo o que nos é essencial.
2. É muito difícil permanecer saudável em um mundo adoecido, onde todos vivem "exaustos-e-correndo-e-dopados".[6] Um mundo desigual, que valoriza o ter e não o SER, comandado por Inteligência Artificial e habitado por adultos viciados em telas e relações virtuais. É nesse mundo que esperamos uma adolescência saudável? Precisamos cuidar do chão que esses adolescentes pisam, ou continuarão utilizando caminhos tortuosos para conseguirem seguir em frente.
3. Músicas, pinturas, dança, artes em geral, contato com a natureza, experiência de amor incondicional são também maneiras de sublimar as

5 Esses fatores não podem ser considerados isoladamente. É a associação entre eles que aumenta as chances de o adolescente pensar na morte como saída.

6 Sugiro a leitura do texto "Exaustos-e-correndo-e-dopados" da Eliane Brum. Disponível em: https://brasil.elpais.com/brasil/2016/07/04/politica/1467642464_246482.html. Acesso em: 23 out. 2024.

dores e curar feridas. Não dá para sobreviver razoavelmente saudável em um mundo sem amor e sem poesia.

4. Como psicoterapeuta sistêmica, entendo que toda tentativa de tratar o sintoma deve considerar a função e a classificação do comportamento dentro e fora do sistema familiar. Porém, todas serão insuficientes se não tratarem a dor que antecede a lesão e a dor que provoca o pedido desesperado pelo fim. Se ficarmos presos ao comportamento autolesivo sem traduzir o que ele "distrai", não saberemos o que o adolescente está tentando comunicar. Se olharmos apenas para o desejo de morte, não vamos conseguir identificar o que está afastando esse adolescente da vida.

5. Essa dor por trás do sintoma pode ter raízes em traumas transgeracionais que são transmitidos epigeneticamente até que alguém lance luz na questão. Portanto, uma dica para os terapeutas clínicos: ampliem o mapeamento da dor para as raízes da árvore do adolescente.

6. Não posso terminar este capítulo sem citar um fator que as pesquisas mais recentes no campo das "adolescências e sintomas" têm apontado como principal mobilizador do aumento das taxas de ansiedade, depressão e transtornos mentais nessa fase da vida – e que se reflete no aumento dos números de autolesão e suicídio notificados: o uso descontrolado e inadequado de telas e redes sociais. Recomendo que busquem informações sobre essa correlação, promovam discussões acolhedoras e reflexivas com os adolescentes sobre os perigos do mundo virtual e do vício em telas, e, principalmente, assumam o compromisso de modelar e incentivar vivências saudáveis no mundo real. Precisamos assumir nossa responsabilidade nesse cenário e olhar com mais atenção para as consequências da hiperconectividade.[7]

Por fim, quero falar diretamente com os pais que me leem: não desistam de seus filhos! Eu sei que a adolescência pede um distanciamento, mas é importante que não se distanciem demais. Não desistam da relação de vocês! Busquem caminhos de conexão, de proximidade e acompanhem, observem, promovam espaços de conversa e de acolhimento. Se perceberem algum sinal de que algo não vai bem, seja pelo corpo, seja pelos comportamentos ou falas, procure a ajuda de um profissional da sua confiança.

E a todos que chegaram até aqui, peço que se lembrem sempre de que o sintoma não é, necessariamente, o problema, mas uma forma problemática de tentar comunicar e solucionar um problema. Uma forma desesperada e inadequada, dependendo do olhar, concordo, mas a melhor forma possível

---

Como sugestão de leitura, indico os livros: *Crianças e adolescentes no mundo digital: orientações essenciais para o uso seguro e consciente das novas tecnologias* (Alessandra Borelli); *iGen: por que as crianças superconectadas de hoje estão crescendo menos rebeldes, mais tolerantes, menos felizes e completamente despreparadas para a idade adulta* (Jean M. Twenge); e *A geração ansiosa* (Jonathan Haidt).

naquele momento. Assim, convido vocês a lançarem um olhar que compreenda a autolesão e o desejo de morte como sendo, no fundo, a manifestação de um grande desejo de transformação.

Referências

AMERICAN PSYCHIATRY ASSOCIATION. *Diagnostic and Statistical Manual of Mental disorders – DSM-5*. 5. ed. Washington: American Psychiatric Association, 2013.

BORGES, V. R.; WERLANG, B. S. G. Estudo de ideação suicida em adolescentes de 13 e 19 anos. *Psicologia Saúde & Doenças*, v. 7, n. 2, 2006.

BRAGA, L. de L.; DELL'AGLIO, D. D. Suicídio na adolescência: fatores de risco, depressão e gênero. *Contextos Clínicos*, v, 6, n. 1, p. 2-14, 2013. Disponível em: https://doi.org/10.4013/ctc.2013.61.01. Acesso em: 2 out. 2024.

COSTA, A. *Tatuagem e marcas corporais*: atualizações do sagrado. 3. ed. São Paulo: Casa do Psicólogo, 2014.

KRUG, E. *et al*. (eds.). *World report on violence and health*. Geneva: World Health Organization, 2002.

KRÜGER, L. L.; WERLANG, B. S. G. A dinâmica familiar no contexto da crise suicida. *Psico-USF*, 15(1):59-70, 2010. Disponível em: http://dx.doi.org/10.1590/S1413-82712010000100007. Acesso em: 2 out. 2024.

LE BRETON, D. Escarificações na adolescência: uma abordagem antropológica. *Horizontes Antropológicos*. Porto Alegre, v. 16, n. 33, 2010.

MINISTÉRIO DA SAÚDE. *Prevenção do suicídio*: manual dirigido a profissionais das equipes de saúde mental. Brasília: Ministério da Saúde, OPAS/UNICAMP, 2006.

MINISTÉRIO DA SAÚDE. *Prevenção do suicídio*: manual dirigido a profissionais da saúde da atenção básica. Brasília: OPAS/Unicamp, 2009.

PRIETO, D.; TAVARES, M. Fatores de risco para suicídio e tentativa de suicídio: incidência, eventos estressores e transtornos mentais. *Jornal Brasileiro de Psiquiatria*, v. 54, n. 2, p. 146-154, 2005.

SANTOS, L. C. S.; FARO, A. Aspectos conceituais da autoinjúria: uma revisão teórica. *Revista Psicologia em Pesquisa*, v. 12, n. 1, 26 abr. 2018.

Disponível em: https://pepsic.bvsalud.org/scielo.php?script=sci_arttext&pid=S1982-12472018000100002. Acesso em: 28 out. 2024.

TARDIVO, L. S. de L. P. C. *et al.* Autolesão em adolescentes, depressão e ansiedade: um estudo compreensivo. *Bol. – Acad. Paul. Psicol.* São Paulo, v. 39, n. 97, p. 159-169, dez. 2019. Disponível em: http://pepsic.bvsalud.org/scielo.php?script=sci_arttext&pid=S1415-711X2019000200002&lng=pt&nrm=iso. Acesso em: 8 jul. 2024.

WINFREY, O.; PERRY, B. D. *O que aconteceu com você?* [S.l.]: Sextante, 2022.

23

FAMÍLIA ACOLHEDORA
REDE HUMANIZADA DE APOIO À CRIANÇA

O capítulo contribui para a política pública, envolvendo o Sistema de Garantias de Direitos da Criança e do Adolescente (SGDCA), direcionada a crianças em situação de vulnerabilidade, na modalidade de acolhimento familiar, onde pais e equipe técnica conhecerão parâmetros otimistas da Parentalidade Integrativa ao Programa Família Acolhedora.

PETRÚCIA MELO

Petrúcia Melo

Psicóloga pelo Centro Universitário Newton Paiva (1995), com especialização em Criminologia, PUC-MG (2007). Mestre em Educação e Políticas Públicas do Sistema de Garantias de Direitos da Criança e Adolescente, UNB (2023). Especialização em Neurociência, Comportamento e Psicopatologia, PUC-PR. Atua na gestão pública dos direitos da criança e do adolescente nos níveis municipal, estadual e federal, por mais de 30 anos. Facilitadora em Parentalidade Consciente, MEC (2023), idealizadora do Método Parentalidade Integrativa, de inspiração ecológica e sistêmica com evidências da neurociência e psicologia positiva, para pais, professores e técnicos do Sistema dos Direitos da Criança e do Adolescente (SGDCA). Contribui para o pleno desenvolvimento humano, fortalecendo as relações de cuidado e proteção, promovendo uma sociedade mais justa e igualitária.

Contatos

www.petruciamelo.com.br

petruciamelo@gmail.com

Instagram: @petruciamelo_

Aqueles que passam por nós não vão sós. Deixam um pouco de si,
levam um pouco de nós.
Antoine de Saint-Exupéry

Cenário do acolhimento no Brasil

A trajetória do acolhimento de crianças e adolescentes ao longo da história do Brasil é multifacetada, caracterizada por diversas abordagens e políticas ao longo do tempo. Durante séculos, "crianças órfãs ou em situação de vulnerabilidade social frequentemente dependiam da caridade religiosa, da assistência prestada por instituições de caridade". Essas práticas nem sempre garantiam o pleno desenvolvimento e a proteção dos direitos da criança (Valente, 2016).

A trajetória do acolhimento de crianças e adolescentes no Brasil é complexa e multifacetada, marcada por diversas abordagens e políticas ao longo do tempo. Durante séculos, crianças órfãs ou em situação de vulnerabilidade social frequentemente dependiam da caridade religiosa e da assistência prestada por instituições de caridade. No entanto, essas práticas nem sempre garantiam o pleno desenvolvimento e a proteção dos direitos das crianças.

Na busca da genealogia constitutiva dos direitos da criança, nos defrontamos com a Constituição Federal de 1988, com o Estatuto da Criança e do Adolescente (ECA) de 1990, com a Lei Orgânica da Assistência Social em 1993. Esses são os primeiros documentos do ordenamento jurídico brasileiro, em que a criança é reconhecida como sujeito de direitos e prioridade absoluta. Nesse período, foi abolida a carga simbólica do "menor em situação irregular", considerado historicamente através da ótica criminal como "caso de polícia," passando a configurar-se para o Estado como "caso de políticas" destinadas a garantir sua proteção e bem-estar biopsicossocial (Vogel, 2011).

É essencial garantir a proteção compartilhada entre Família, Sociedade e Estado, o que é preconizado no Art. 227 da CF (1988). Nessa perspectiva, o foco está na proteção da pessoa humana em sua fase mais vulnerável e urgente: a criança.

A criança é reconhecida como sujeito de direitos e prioridade absoluta. O ECA fortaleceu as políticas sociais ao estabelecer diretrizes claras para a proteção dos direitos desse público específico, incluindo orientações específicas para o acolhimento institucional e familiar.

Conduzida por uma política estruturada, a Família Acolhedora é resultado do compromisso assumido pelo Brasil com a promoção do desenvolvimento humano e social, refletido nas normativas do país.

Atualmente, o Brasil possui uma rede abrangente que engloba acolhimento institucional e acolhimento familiar, com o objetivo de oferecer um ambiente seguro e acolhedor para crianças em situação de vulnerabilidade.

No entanto, ainda há desafios a serem superados, especialmente em relação à formação dos profissionais do SGDCA que atuam no eixo de Atendimento e Defesa, sendo necessário fortalecer o apoio às famílias biológicas como medida preventiva, evitando o acolhimento desnecessário de crianças.

Perspectiva das políticas públicas com foco na família

A trama do cuidado com a formação da criança é modelada por diversos fatores, incluindo características individuais, influências familiares e outros aspectos do ambiente. As dimensões para análise do ambiente adaptado da Teoria Bioecológica do Desenvolvimento Humano apresentam o modelo referente a um conjunto de processos através dos quais as particularidades da pessoa e do ambiente interagem para produzir constância e mudanças nas características da pessoa no curso da sua vida (Bronfenbrenner, 1989).

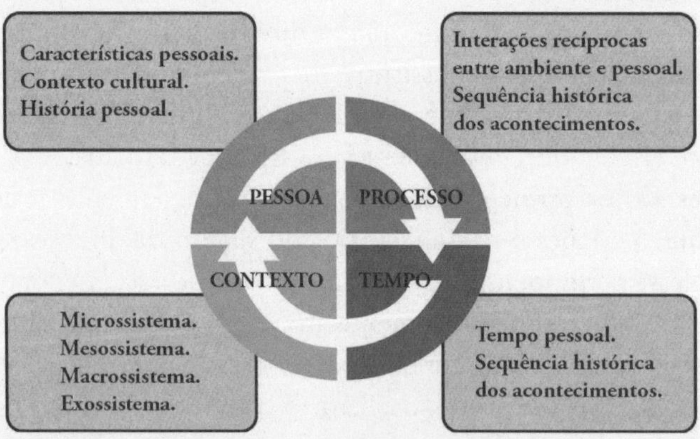

Fonte: Bronfenbrenner (1989).

Bronfenbrenner identificou quatro níveis de sistemas ecológicos: **o microssistema**, contextos imediatos como família e escola; **o mesossistema**, interações entre diferentes microssistemas; **o exossistema**, contextos que influenciam indiretamente, como o trabalho dos pais; e **o macrossistema**, valores culturais e sociais mais amplos.

A teoria traz uma perspectiva otimista de viabilidade à aplicação na vida humana por meio das políticas públicas, visando promover o desenvolvimento saudável da criança e do adolescente, para que o desenvolvimento humano seja pesquisado por meio da interface dos quatro eixos: Pessoa, Processo, Tempo e Contexto (PPTC).

A adaptação da teoria de Corsi (2006) no campo da violência doméstica, apresentada na figura a seguir, é relevante, pois permite uma análise abrangente das múltiplas dimensões que contribuem para esse comportamento. A influência do contexto social e cultural nos integrantes da família, incluindo a criança que foi vítima de violência, também poderá praticar atos violentos, ressaltando a complexidade dessa dinâmica familiar.

Para explicar a violência doméstica por meio dos personagens familiares para compreender o fenômeno, é necessário adotar a ecológica para visualizar os sistemas, dimensões e conexões com os níveis em atuação.

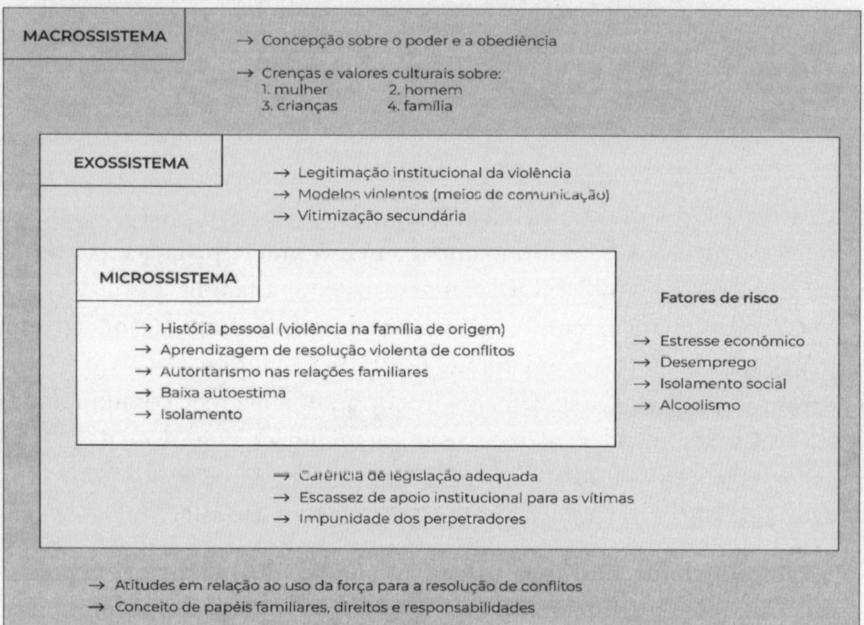

Fonte: Adaptado de Melo Corsi (2006).

Cuidar e proteger – verbos conectores da parentalidade integrativa

É fundamental promover o cuidado e proteção da criança, com base nos princípios da parentalidade integrativa, suscitando a interdisciplinaridade e colaboração entre diferentes áreas de conhecimento, permitindo uma abordagem ampla aos desafios enfrentados.

Constituir um compromisso para a família acolhedora é um desafio que implica orientar as ações dentro dos parâmetros estabelecidos pelo programa, assegurando o bem-estar e o desenvolvimento saudável da criança acolhida no ambiente familiar, respaldado na CF/1988, Art. 194, ECA/90, Art. 97, UNICEF/2018, Lei da Parentalidade Positiva 2024.

"É direito da criança e do adolescente ser criado e educado no seio de sua família e, excepcionalmente, em família substituta, assegurada a convivência familiar e comunitária, em ambiente que garanta seu desenvolvimento integral" (Redação dada pela Lei n. 13.257/2016).

O acolhimento familiar é um sistema constituído por três subsistemas básicos: os pais biológicos, a criança e a família acolhedora. Esse tripé promove a integração da família de origem, da criança na família acolhedora, ajudando-os com a adaptação na nova realidade, fortalecendo laços afetivos com os membros da nova família e os laços comunitários.

A família biológica é crucial nesse momento, pois reconhece a importância de manter os vínculos originais sempre que possível. É necessário facilitar a eventual reunificação e assegurar que a criança ou adolescente mantenha uma conexão com suas raízes.

A adaptação da criança ou adolescente na família acolhedora é um processo delicado que requer suporte emocional e prático. Essa adaptação é vital para o bem-estar da criança, permitindo que se sinta segura, respeitada e valorizada no novo ambiente familiar. Os laços afetivos com a família acolhedora são o ponto central para garantir que a criança ou adolescente se sinta amado, protegido e cuidado, para um ambiente estável e seguro.

A comunidade local é igualmente importante. Uma rede comunitária de apoio humanizado poderá oferecer recursos adicionais e um senso de pertencimento, essenciais para o desenvolvimento social e emocional.

O acolhimento familiar desempenha um papel suplementar à família biológica, especialmente durante o período anterior à reunificação familiar. Funciona como uma forma de apoio para famílias vulneráveis, para a perda temporária da capacidade da família biológica de desempenhar seu papel natural.

Oferecendo um recurso social essencial para aquelas temporariamente incapazes de cumprir suas funções parentais de maneira adequada, demonstra que, mesmo diante dessas dificuldades, há espaço para amor, bom senso, humor, empenho e resiliência (Capdevila, 1996).

O vínculo socioafetivo reconhece que a parentalidade vai além da biologia, incorporando a importância dos laços afetivos e sociais. A família acolhedora desempenha um papel fundamental nas dimensões do desenvolvimento humano, do afeto, proporciona um ambiente em que crianças experimentam amor, carinho e apoio emocional.

Parentalidade e desenvolvimento integrativo

A expressão *desenvolvimento integrativo da criança e do adolescente* refere-se a uma abordagem holística multidimensional do desenvolvimento das crianças. Essa perspectiva reconhece que o desenvolvimento infantil é influenciado por uma interação complexa de fatores biológicos, psicológicos, sociais e ambientais, e que todos esses aspectos devem ser considerados de maneira integrada para promover um desenvolvimento saudável.

O fator biológico traz a maturação do sistema nervoso e outras funções corporais, incluindo fatores genéticos, saúde física, nutrição e desenvolvimento motor.

O desenvolvimento cognitivo, emocional, comportamental e aspectos da capacidade de aprender, resolver problemas, gerir emoções e desenvolver a identidade são cruciais ao fator psicológico.

Envolver as interações sociais com familiares, amigos, colegas e a comunidade em geral modela as habilidades com capacidade de formar e manter relacionamentos; recursos educativos e recreativos são determinantes para o fator social.

Os princípios elencados da Orientação Parental Integrativa se refletem em uma compreensão moderna do desenvolvimento das crianças e dos adolescentes, enfatizando a necessidade de uma abordagem que seja, ao mesmo tempo, holística, individualizada, dinâmica e contextualmente sensível.

Compreender a plasticidade cerebral do cérebro de se reorganizar e formar novas conexões é mais pronunciado na infância. Experiências positivas e ambientes estimulantes são fundamentais para o desenvolvimento saudável, promovendo a formação de circuitos neurais que suportam o desenvolvimento cognitivo, emocional e social.

O apego seguro entre pais e filhos é vital para o desenvolvimento saudável do cérebro; crianças com vínculos seguros têm melhores respostas ao estresse, maior resiliência emocional e capacidade de formar relacionamentos saudáveis. O sistema límbico, responsável pelas emoções, é particularmente sensível às interações afetivas, destacando a importância do cuidado emocional no desenvolvimento neurológico.

A regulação emocional está ligada ao desenvolvimento do córtex pré-frontal, responsável pelo planejamento, tomada de decisões e controle de impulsos. Práticas parentais que ensinam estratégias de regulação emocional fortalecem essas habilidades nas crianças, promovendo um desenvolvimento cerebral equilibrado.

O estresse tóxico prolongado, como negligência e relação abusiva, pode ter efeitos devastadores no cérebro, pode danificar o hipocampo, crucial para a memória e aprendizagem, e afetar o córtex pré-frontal. Isso reforça a necessidade de ambientes familiares seguros e de apoio para um desenvolvimento saudável.

Considerando as evidências da neurociência, a orientação parental busca integrar diferentes conhecimentos e práticas para trabalhar com equipes multidisciplinares que atuam no Sistema de Garantia de Direitos da Criança e do Adolescente (SGDCA), nos Centros de Referência em Assistência Social (CRAS) e nos Centros de Referência Especializados em Assistência Social (CREAS).

Disponibilizar formação para profissionais do SGDCA, incluindo professores, psicólogos, assistentes sociais e educadores sociais, no eixo de atendimento e defesa dos direitos da criança e do adolescente, é necessário para orientar esses profissionais a aplicar essas práticas que suportam um desenvolvimento saudável.

Em suma, a Parentalidade Integrativa não é apenas uma estratégia de cuidado e proteção. Ela representa um compromisso com o desenvolvimento integral e harmonioso de futuras gerações. Esse compromisso visa construir uma sociedade mais justa, equitativa e saudável, em que a criança tem a oportunidade de alcançar seu pleno potencial para um futuro próspero e equilibrado, promovendo práticas que não apenas beneficiam o indivíduo, mas também fortalecem a comunidade.

Referências

BAER, M.; CONNORS, B.; PARADISO, M. Sistemas de memória. *In*: BEAR, M.; CONNORS, B.; PARADISO, M. (coords.). *Neurociências:* desvendando o sistema nervoso. Porto Alegre: Artmed, 2017.

BRASIL. *Estatuto da criança e do adolescente*: Lei federal n. 8.069, de 13 de julho de 1990. Rio de Janeiro: Imprensa Oficial, 2002.

BRONFENBRENNER, U. Ecological systems theory. *Annals of Child Development*, Greenwich, CT, JAI Press, n. 6, p. 187-249, 1989.

CAPDEVILA, C. Acogimiento familiar, un medio de protección infantil. In: OCHOTORENA, J.; MADARIAGA, M. (eds.). *Manual de protección infantil. Barcelona*: Masson, 1996.

CORSI, J. *Violencia familiar*: una mirada interdisciplinaria sobre un grave problema social. Buenos Aires: Paidos, 2006.

VALENTE, J. *Família acolhedora*: as relações de cuidado e de proteção no serviço de acolhimento. São Paulo: Paulus, 2016.

VOGEL, A. Um breve histórico da terapia familiar sistêmica. *Revista IGT*, v. 8, n. 14, 2011.

24

RAIVA E RECONEXÃO

DA EDUCAÇÃO AUTORITÁRIA PARA A EDUCAÇÃO RESPEITOSA

Quando acreditamos estar no auge da vida adulta, nos tornamos pais e, de repente, nos vemos revivendo as inseguranças e os traumas de nossa própria infância. Sentimos novamente a vulnerabilidade e como essas novas experiências parentais podem desencadear comportamentos impulsivos e autoritários. Neste capítulo, exploraremos as raízes de nossa desregulação emocional diante de cenários desafiadores, apresentando estratégias para manter a calma, cuidar de si e adotar uma abordagem de educação respeitosa que promova o desenvolvimento emocional saudável de nossas crianças.

MARIANA NICOLAU

Mariana Nicolau

CRP 04/43832

Mãe do João e psicóloga clínica. Mestre pela faculdade de Medicina da UFMG. A sua experiência como tentante e, posteriormente, como mãe, despertou um interesse profundo pela saúde mental das mulheres nos diferentes estágios da vida. Atende, por meio da terapia cognitivo-comportamental, questões relacionadas à jornada de tentante, ao pré-natal psicológico, puerpério, parentalidade, luto materno, climatério e menopausa. Atua como facilitadora de grupos terapêuticos e possui vasta experiência em atendimento intergeracional. Foi coordenadora do Ambulatório de Psicoterapia para idosos e suas famílias do PROEPSI FM-UFMG durante cinco anos. Como uma das idealizadoras e fundadoras do Projeto Gerações Clínicas em TCC, atua na criação e implementação de ações que visam desenvolver novas gerações de psicólogos habilidosos, humanos e éticos em sua prática clínica. É professora, escritora e palestrante. "Olho para minha jornada com orgulho! Sinto-me privilegiada em poder acompanhar tantas histórias valorosas e contribuir com meu conhecimento e experiência. Minha escolha profissional é uma das minhas maiores missões nesta vida: conectar-me com outros seres humanos de maneira autêntica, vulnerável e compassiva."

Contatos
marianasnicolau@gmail.com
Instagram: @mariananicolaupsicologia
31 99910 0707

O parto foi doloroso, amamentar se revelou um desafio e as vacinas esvaziaram minha conta bancária. Preparei-me para tudo isso: fiz fisioterapia pélvica, consultas mensais com a obstetra, consultoria de amamentação e orçamentos de vacinas em laboratórios. No entanto, nada me preparou para a intensa desregulação emocional que vem com esse "pacotinho": o "*terrible two*" + a ausência de uma rede de apoio + meu diagnóstico tardio de transtorno de déficit de atenção e hiperatividade (TDAH) + as pressões do dia a dia.

Comecei a perceber minhas sobrancelhas se unindo, minha boca se apertando e a tensão nos músculos, assumindo uma postura intimidadora. Meu coração acelerou e uma onda de raiva tomou conta de mim. Nada, absolutamente nada, poderia me preparar para o soco no estômago ao ver aqueles olhinhos arregalados, a boquinha entreaberta e um rostinho de medo e incompreensão. Isso foi seguido por uma birra ainda mais intensa, culminando em um choro profundo. Nesse momento, a culpa me consumiu.

"*Desculpa, filho! Você se assustou? Eu te amo.*" E o que eu queria ensinar com isso mesmo? Já nem me lembro mais. A oportunidade se perdeu, e tudo terminou em culpa, colo, lágrimas e pedidos de desculpa.

O grande problema da raiva é que, quando ela te escapa, você não consegue mais transmitir a mensagem que desejava inicialmente. O que comunica acaba se transformando em medo, vergonha, culpa e rejeição.

O auge é quando percebemos que estamos repetindo falas e atitudes de nossos pais. Aquela voz que tenta impor respeito aos gritos é um eco da sua mãe, e as palmadas impulsivas, movidas pela raiva, são uma herança do seu pai. Para romper esse ciclo, precisamos colocar a empatia e o desejo de conexão em primeiro lugar. Proponho pensar em três "Ps": **P**erspectiva, **P**erseverança e **P**erpetuar. Busque uma nova perspectiva sobre sua experiência (faça terapia!), tenha perseverança na mudança que deseja, para não perpetuar aquilo que deveria ter ficado nas gerações passadas.

A desregulação emocional intensa coloca a raiva no centro da educação autoritária. Ela nos move a afirmar nossos limites e exigir que sejam respeitados. Ela é um mecanismo de autopreservação, mas estamos tentando nos proteger de quê exatamente?

Lembramos que a raiva é uma emoção humana fundamental. Cientistas acreditam que a capacidade de sentir raiva está entrelaçada em nossa rede neural e enraizada em nosso sistema de recompensa cerebral, sendo ativada quando a realidade não atende às nossas expectativas. Graças ao nosso córtex pré-frontal (região cerebral responsável por controlar nosso raciocínio e tomada de decisão), conseguimos controlar nosso comportamento raivoso. Mas e quando esses processos são prejudicados por um CID? Meu recente diagnóstico de TDAH se misturou com as evidências e minha própria experiência. Desafiou-me a transitar entre autocompaixão e aprender a controlar minhas reações emocionais intensas antes que elas contaminem as doces lembranças de uma infância amorosa.

Imagine a seguinte situação: a campainha toca e seu cachorro começa a latir descontroladamente, você está no meio de uma troca de fraldas e seu filho aproveita a oportunidade para fugir. Ele faz xixi no meio da sala, está atrasado na rotina da manhã, o arroz precisa de uma segunda água e você não sabe qual incêndio apagar primeiro. Além da rotina caótica, seu sono é interrompido regularmente. Você tem que "salvar" seu filho das telas, mas não tem ajuda de uma babá, tia ou avós. Precisa oferecer um almoço colorido e saudável, escovar os dentes dele enquanto ele morde a escova, e ensinar a criança, que grita três "NÃOs!" a cada dois pedidos, a dizer "obrigado" e "por favor". Você tenta tanto segurar a onda, mas no final das contas explode e se sente um grande fracasso. "*Eu estou mandando! Pare com isso agora! Fique quieto!*".

Você pode achar que esses desafios durarão para sempre, que seu filho é "difícil", ou sentir que não consegue proporcionar o ambiente calmo e adequado para o desenvolvimento saudável dele. Nossos filhos podem, involuntariamente, despertar memórias de nosso próprio passado. Quando eles nos ignoram, somos transportados de volta para momentos em que nos sentimos ignorados, desrespeitados e desvalorizados na infância. Isso pode trazer à tona lembranças de pais exigentes, controladores e perfeccionistas, amplificando nossa sensação de fracasso e nos levando a adotar posturas autoritárias usadas conosco em nossa infância. É nesse momento que percebemos que nossa desregulação emocional não tem a ver com a criança, mas tudo a ver conosco.

Os estilos de educação parental geralmente variam conforme os pais definem e aplicam regras, estabelecem poder, concedem autonomia, encorajam a capacidade de negociar, raciocinar e regular o comportamento da criança. Estamos falando do ambiente emocional expresso pelos pais para os filhos, e um padrão de comportamento estável em que se baseia o vínculo entre eles.

Pais autoritários combinam características de alto controle, baixo nível de amorosidade, suporte e compromisso emocional com os filhos. Eles são rejeitadores, altamente exigentes, mandões, psicologicamente dominadores e controladores. Frequentemente são punitivos e enérgicos para afirmar o padrão de comportamento desejado. A criança não tem voz. A educação autoritária é caracterizada pela crença de que as crianças têm pouca autonomia e devem obedecer, sem questionar, às figuras de autoridade (pais, professores, avós). Esses pais não costumam negociar com crianças ou explicar a razão de certas expectativas durante e após episódios disciplinares. Assim, a criança reproduz o estilo de resolução de problemas aprendido em casa; afinal, somos espelho para nossas crianças. Essa criança pode crescer com baixa autoestima, sensação de incapacidade, maiores riscos de desenvolver episódios depressivos, insegurança crônica e utilizar agressão (física e/ou verbal) para a resolução dos seus problemas.

A educação autoritária coloca o foco no adulto: suas necessidades, desejos e expectativas. É uma abordagem autocentrada na relação com os filhos, na qual o comportamento da criança é interpretado como um ataque pessoal. Se a criança demora para comer, é vista como um obstáculo à sua agenda. Se recusa o brócolis, é percebida como ingrata pelo esforço que você dedicou à refeição.

Então, como manter a calma quando a criança está surtando e os nossos níveis de cortisol estão nas alturas? Em primeiro lugar, entenda: de todas as responsabilidades como pais, uma das mais importantes é aprender a administrar as próprias emoções, para que a criança tenha espaço seguro para se sentir validada, acolhida e aprenda por um modelo saudável. Para isso, aprenda primeiro a atender às suas necessidades.

Quando estamos vivendo no nosso limite, tendemos a explodir mais facilmente e estamos mais suscetíveis a replicar a educação autoritária que recebemos. E se estamos nesse lugar é porque não estamos fazendo o suficiente por nós mesmos. Entenda: autocuidado é seu dever enquanto pai ou mãe. Não é egoísmo. Pais que acreditam que precisam viver se sacrificando também estão aceitando responsabilidades em excesso, dormindo pouco, constantemente atrasados e são excessivamente autocríticos.

Dessa forma, são esses mesmos pais que estão sempre à beira de perder a cabeça com os filhos. Soa familiar? Então, convido você a refletir sobre a origem da sua crença de que "bons pais são pais à beira de um *burnout* parental". Tome responsabilidade pelo nível de estresse em sua vida, faça escolhas melhores e seja melhor para si e, consequentemente, para seus filhos.

A educação autoritária se torna prevalente no caos, pois surge como uma tentativa de impor ordem por meio de uma estrutura rígida de obediência baseada no medo e na repressão. Quando estamos com a saúde mental em dia, somos capazes de oferecer uma educação respeitosa, que requer tempo, presença e autorregulação emocional.

Algumas dicas práticas:

- **Faça uma pausa ou saia de cena** quando o estresse se tornar excessivo. Se possível, peça a alguém para assumir temporariamente. A capacidade de pausar é como um músculo: quanto mais frequente a prática, mais forte ela se torna e mais fácil é de ativar. Procure exercitar esse músculo, deliberadamente, em momentos tranquilos.
- **Pratique atenção plena**: observe o tamanho das mãozinhas, veja como tudo é pequeno: nariz, boquinha, assim como o repertório deles para lidar com os desafios do dia a dia. Respire profundamente e foque no seu filho: o que será que ele está sentindo agora?
- **Assuma uma postura de curiosidade**: o que está acontecendo aqui? Minha criança está cansada? Hiperestimulada? Frustrada? Carente? Muitas crianças explodem porque ainda não sabem pedir o que precisam. Elas necessitam de ajuda com amorosidade. Um comportamento desafiador é sempre uma oportunidade para ensinar seu filho a reconhecer, aceitar e lidar com as próprias emoções.
- **Uma ação vale mais do que mil palavras**: seja um exemplo de comportamento saudável e regulado para seus filhos. Crianças aprendem observando, então mostre como lidar com conflitos e emoções de maneira construtiva.
- **Pratique *estar* em vez de *fazer***: eu estou exagerando a minha reação? Essa situação é uma emergência? Em vez de pressionar e gritar, eu posso respirar fundo e simplesmente estar presente para o filho. Aguarde. A calma promove proximidade.
- **Engaje em práticas autotranquilizantes**: massagens, sexo, respirações profundas, caminhadas na natureza, alongamento, um banho à luz de velas, escrever em um diário ou qualquer atividade com o poder de acalmar, aliviar e proporcionar sensação de tranquilidade.

Nem todos os pais que adotam uma educação autoritária o fazem de forma intencional. Quando me deparei com o efeito cascata dessa herança de comportamentos autoritários, fui surpreendida por um sentimento inesperado: empatia. Compreendi que o adulto autoritário é, na verdade, a criança que cresceu acreditando que nunca era boa o suficiente, que sentia vergonha e medo ao cometer erros. É a criança cuja autoestima foi destruída por um adulto igualmente autoritário, que também viveu sob o peso do medo e da vergonha.

Lembro-me de que meu pai, até alguns anos atrás, ainda mantinha em casa um chicote de rabo de tatu, uma herança de gerações passadas. Esse tipo de correção "evoluiu" para palmadas e gritos, sempre com a justificativa de "mostrar quem manda". A educação dos nossos pais e avós foi tão boa e respeitosa quanto ela pôde ser. Afinal, só somos melhores por comparação ao que já foi experienciado.

Por fim, lembre-se de que a sua criança vai comer massinha porque está descobrindo o mundo por meio dos sentidos. Ela vai colorir as paredes porque aquelas cores vibrantes a fascinam, e vai espalhar tinta no corpo porque está explorando novas texturas. Tudo isso faz parte do aprendizado, e não tem nada a ver com você, mas, se tiver sorte, você também poderá se curar nesse processo, aprendendo a oferecer o que talvez nunca tenha recebido. Cuidar com amorosidade tem esse poder transformador.

Descobri que praticar uma educação respeitosa se torna mais fácil quando me lembro de que o comportamento do meu filho está profundamente ligado ao seu processo de descoberta do mundo. Ele está aprendendo a se expressar, a controlar impulsos e a assimilar regras sociais e morais. Isso não tem a ver com minhas expectativas ou com quem eu sou. Ainda assim, é natural que, em momentos de intensa desregulação emocional, eu acabe adotando um comportamento autoritário – e isso pode acontecer com você também. Quando as birras e as demandas parecerem revelar o pior de você, dê um passo para trás e lembre-se de que "você é muito melhor do que a pior coisa que já fez". Da mesma forma, seus filhos, seus pais e os pais deles também são.

Referências

BERTRAND, C.; BELL, M. A.; DEATER-DECKARD, K. Maternal executive function, authoritarian attitudes, and hostile attribution bias as interacting predictors of harsh parenting. *Journal of Family Psychology*, v. 37, n. 3, p. 388, 2023.

CLARKE-FIELDS, H. *Raising good humans every day*: 50 simple ways to press pause, stay present, and connect with your kids. Oakland: New Harbinger Publications, 2023.

DELVECCHIO, E.; GERMANI, A.; RASPA, V.; LIS, A.; MAZZESCHI, C. Parenting styles and child's well-being: the mediating role of the perceived parental stress. *Europe's Journal of Psychology*, v. 16, n. 3, p. 514, 2020.

ESTLEIN, R. Parenting styles. *Encyclopedia of family studies*, 1-3, 2016.

FOSTER, V. *Anger management for parents*: the ultimate guide to understand your triggers, stop losing your temper, master your emotions and raise confident children. Star Spark Press, 2022.

XU, X.; SONG, L.; LI, X.; LI, Y. The impact of mothers' perceived unsupportive intergenerational co-parenting on children's social competence: evidence from China. *International Journal of Environmental Research and Public Health*, v. 20, n. 1, p. 427, 2022.

YAFFE, Y. Maternal and paternal authoritarian parenting and adolescents' impostor feelings: the mediating role of parental psychological control and the moderating role of child's gender. *Children*, v. 10, n. 2, p. 308, 2023.

25

A PREVENÇÃO AO ABUSO SEXUAL INFANTIL

Abordaremos cinco pontos essenciais: comunicação aberta, para que as crianças se sintam seguras em compartilhar experiências; limites corporais, para ensinar sobre consentimento; sinais de alerta que indicam possíveis abusos; mitos e realidades, para desmistificar crenças; e educação sexual positiva como caminho para promover a prevenção ao abuso. Você também encontrará atividades lúdicas para aplicar no dia a dia.

JOICE ANDRADE

Joice Andrade

Assistente social pela Universidade Federal de Sergipe (UFS). Especialista em saúde mental e atenção psicossocial com enfoque cognitivo-comportamental pela Universidade Vale do Rio Doce (Univale). Extensão universitária em Educação Sexual, Emocional e Prevenção ao Abuso Sexual - Master ESEPAS, pela Faculdade Brasília. Atua como assistente social na rede escolar da Educação Adventista; consultora de educação infantil pelo Instituto VIDA; educadora para pais, crianças e profissionais na prevenção ao abuso sexual; criadora do jogo "Missão Brincando de Proteção"; escritora e palestrante. Contudo, o grande desafio da vida está muito além das atividades profissionais, pois na vida pessoal, ser mãe da Júlia, uma menininha linda de cinco anos, é o que a desafia a tentar ser todos os dias sua melhor versão.

Contatos
joiceandrade.as@gmail.com
Instagram: @joiceandrade.as / @cneespafamiliaprotegida
YouTube: Conversando com Pais & Filhos - Por Joice Andrade e Valéria Paz

Até onde você iria para salvar uma criança do abuso sexual?

Imagino que essa pergunta tenha feito você refletir sobre o quanto esse assunto assusta e nos deixa desconfortáveis.

Dentre os vários temas importantes aqui abordados nos outros capítulos, notou-se a necessidade urgente de também compartilhar informações essenciais e orientações práticas sobre "A prevenção ao abuso sexual infantil" para pais, cuidadores e profissionais que desejam promover um ambiente seguro para as crianças.

Esse tema é uma realidade preocupante que pode ter impactos devastadores na vida das crianças e suas famílias. Este capítulo busca oferecer estratégias tangíveis, exemplos reais e orientações baseadas em evidências científicas para capacitar os adultos a protegerem efetivamente as crianças.

Ao longo dessa conversa, discutiremos cinco pontos: comunicação aberta; limites corporais; sinais de alerta; mitos e realidades do abuso sexual; educação sexual positiva. Além disso, há um presente no final para que você sinta que está sendo segurada pela mão e levada a possibilidades reais de como abordar e conversar sobre educação sexual de forma respeitosa e adaptada à idade da criança. Nossa missão é formar adultos ativos na rede de proteção da infância, promovendo relações familiares saudáveis, empoderamento parental e um ambiente onde as crianças possam crescer protegidas e confiantes.

Nosso primeiro ponto a ser abordado é a construção da conexão com sua criança, pois ela proporcionará sensibilidade para estar atento aos sinais, e uma das formas de se gerar essa conexão é por meio de uma comunicação aberta. Pais e cuidadores precisam saber como estabelecer e manter uma conversa transparente com as crianças, promovendo um clima em que elas se sintam à vontade para expor situações desconfortáveis. Para conseguir êxito nesse quesito, é necessário seguir algumas orientações:

1. **Estabelecer confiança**: criar um ambiente em que a criança note que está livre de julgamentos, podendo expressar seus pensamentos, sentimentos e preocupações.
2. **Escutar ativamente**: demonstrar interesse genuíno pelo que a criança tem a dizer, mostrando-se disponível para ouvir sem interromper ou diminuir seus sentimentos.
3. **Incentivar a expressão de emoções**: encorajar a criança a compartilhar suas experiências, medos e dúvidas de forma honesta e aberta, validando assim suas emoções.
4. **Manter diálogo diário**: estimular conversas regulares sobre o dia a dia da criança, suas interações sociais e quaisquer ansiedades que possam surgir.
5. **Oferecer suporte incondicional**: garantir que a criança saiba que pode contar com o apoio dos pais ou cuidadores em qualquer ocasião, sem receio de ser culpabilizada ou ignorada.

Ao adotar essas orientações, você poderá colaborar significativamente para a criação de um ambiente propício à comunicação aberta e ao estabelecimento de relações saudáveis baseadas no respeito e na confiança.

No segundo ponto, precisamos ensinar as crianças sobre limites corporais, respeito mútuo e consentimento. Falar sobre esse assunto é essencial para ajudá-las a desenvolverem relacionamentos saudáveis e seguros. Aqui estão algumas maneiras de trabalhar esses temas:

1. **Comunicação clara**: incentive as crianças a expressarem suas emoções e opiniões. Mostre que é importante escutar e respeitar as pessoas. Diante de pedidos para manter segredo, explique que deve comunicar esse caso imediatamente a um adulto de confiança.
2. **Exemplos práticos**: use situações do dia a dia para ilustrar a importância dos limites pessoais e do respeito mútuo. Por exemplo, explique que ela não é obrigada a aceitar abraço e beijo de alguém que ela não queira, mesmo que seja um parente ou amigo próximo, pois carinho só é bom quando as duas pessoas querem.
3. **Empoderamento**: ensine as crianças a dizerem "Não" de forma assertiva quando não se sentirem confortáveis com algo, e demonstre que é preciso respeitar quando alguém também diz "Não".

4. **Consentimento**: explique o significado de consentimento, mostrando que todas as interações físicas precisam ser permitidas por ambas as partes, mesmo entre amigos e familiares.
5. **Respeito ao corpo**: eduque sobre a importância de respeitar o corpo do outro; ninguém tem o direito de tocar o corpo de alguém sem permissão. Ensine a frase "O meu corpo é sensível e precisa de proteção".

Essas são algumas sugestões para abordar esses temas complexos com crianças, sempre adaptando a linguagem e os exemplos à idade e à maturidade delas, adotando uma abordagem com conhecimento científico, mas também com carinho nas palavras, o que será o diferencial para o bom aprendizado.

Gotas de conhecimento em mares de afeto.
(Rocha, 2024)

Mas e o abuso sexual infantil, você sabe o que é?

É qualquer forma de contato ou interação sexual entre um adulto ou uma pessoa mais velha e uma criança[1] em que o adulto, por meio de convencimento, força física, chantagem emocional ou qualquer outra forma de coerção, utiliza a criança para satisfação sexual própria ou de terceiros. Esse tipo de violência pode se manifestar de várias maneiras, incluindo o contato físico, como toques inapropriados, carícias ou penetração; exposição indecente à criança; exploração sexual por meio de pornografia; solicitação de favores sexuais; e qualquer outra forma de violência sexual que cause danos à criança. Pode acontecer de forma intrafamiliar, praticado por pais, irmãos adolescentes, parentes ou responsáveis legais; ou extrafamiliar, quando ocorre fora do meio familiar, praticado por alguém quc a criança conhece pouco ou por uma pessoa totalmente desconhecida.

Segundo Fortes (2015), "dificilmente crianças e adolescentes comunicam verbalmente que foram ou estão sendo vítimas de abuso ou exploração sexual, é a chamada '*Lei do Silêncio*'". Dessa forma, elas irão utilizar o relato como um dos últimos recursos para contar sobre o que sofreram ou ainda estão sofrendo, e faz-se necessário que nesse terceiro ponto estejamos alertas aos sinais não verbais que elas poderão apresentar:

1 Art. 2º Considera-se criança, para os efeitos desta Lei, a pessoa até doze anos de idade incompletos, e adolescente aquela entre doze e dezoito anos de idade – Estatuto da Criança e do Adolescente (ECA).

1. Mudanças repentinas de comportamento, como agressividade extrema, retraimento, isolamento social ou regressão a condutas mais infantis.
2. Lesões físicas inexplicáveis, como hematomas, arranhões, queimaduras ou ferimentos na área genital.
3. Medo de ficar sozinha, dificuldades para dormir ou pesadelos frequentes.
4. Evitar situações ou pessoas específicas, principalmente aquelas com quem a criança costumava se sentir bem.
5. Comportamento sexual explícito ou impróprio para a idade da criança.
6. Mudança na higiene pessoal, como recusa em tomar banho ou excessividade nos cuidados com as genitais.

É importante ressaltar que esses sinais podem variar de acordo com a idade e personalidade da criança, e que a presença de um ou mais desses sinais não confirma, necessariamente, o abuso sexual. Porém, é fundamental estar atento a esses indicadores e buscar ajuda profissional, caso haja desconfiança.

Dentro das estratégias concretas para prevenir, combater ou até mesmo livrar uma criança que já esteja sofrendo abuso sexual, precisamos incluir também o reconhecimento do que é mito e do que é realidade. A seguir, o nosso quarto ponto:

Mitos	**Realidades**
O maior perigo para as crianças e adolescentes são as pessoas estranhas, pois os abusos, em sua maioria, são cometidos por eles.	Os estranhos correspondem a um pequeno percentual dos casos registrados. Entre as vítimas de 0 a 13 anos, 64% eram familiares e 22,4% conhecidos. Já entre as vítimas de 14 anos e mais, 31,2% faziam parte da família, 28,1% eram parceiro íntimo, 9,9% ex-parceiro íntimo, 13,2% outros conhecidos e 17,6% desconhecidos.

O autor do abuso sexual é um homem mais velho, psicopata, que demonstra transtorno mental, um tarado que todos reconhecem na rua, um depravado sexual.	Os crimes sexuais são praticados em todos os níveis socioeconômicos, religiosos e étnicos. Na maioria das vezes, são pessoas aparentemente normais e queridas pelas crianças e pelos adolescentes. Do ponto de vista da aparência física, o pedófilo pode ser qualquer pessoa, ter idade avançada ou ser jovem, inclusive também pode ser uma mulher.
A criança mente e inventa que está sofrendo abuso sexual.	Raramente a criança mente sobre esse assunto. Estima-se que apenas 6% dos casos são fictícios e, de qualquer forma, todo caso precisa ser notificado às autoridades e averiguado. Arriscar na crença de que talvez seja uma mentira poderá levar essa criança a permanecer em uma situação de violência por muito tempo.
Só quando a criança ou o adolescente diz "Não" é que fica caracterizado o abuso; caso contrário, se "consentiu" é porque estava gostando.	É comum que a criança não tenha sequer capacidade de reconhecer o abuso sofrido, seja pela falta de conhecimento sobre o tema ou pelo vínculo com o agressor. O autor da agressão sexual tem inteira responsabilidade pela violência cometida.
O abuso sexual, na maioria dos casos, ocorre longe da casa da criança ou do adolescente.	64,7% desses crimes aconteceram na residência da vítima. 65,1% das ocorrências de estupro de vulnerável, que atingem principalmente crianças, ocorrem ao longo do dia, período em que a mãe ou cuidadora da criança em geral está fora, trabalhando.
É fácil identificar o abuso sexual em razão das evidências físicas encontradas no corpo da vítima.	Em apenas 30% dos casos há evidências físicas. É necessário um olhar clínico das autoridades responsáveis para identificar o abuso sexual.
Crianças e adolescentes só revelam o "segredo" se tiverem sido ameaçadas com violência.	O "segredo" poderá ser revelado principalmente quando a criança ou o adolescente tem confiança e sente-se apoiado; em todo caso, fique atento às mudanças de comportamento.

É impossível prevenir o abuso sexual de crianças.	Há maneiras práticas e objetivas de proteger as crianças do abuso sexual. Uma delas é capacitar os adultos responsáveis pelas crianças a reconhecer sinais de abuso, responder adequadamente a revelações de possíveis abusos e criar ambientes seguros para as crianças.

Trazer essa realidade é uma tentativa de lançar luz sobre assuntos que por gerações foram entendidos de forma distorcida e que fragilizaram a proteção à infância. Precisamos quebrar esse ciclo de violência de forma urgente, utilizando novas estratégias para empoderar as crianças, educadores e cuidadores com foco em prevenir essa violência e criar um ambiente em que as crianças "corram para nós e não de nós".

Seguimos, então, para o nosso quinto e último ponto: a educação sexual positiva. Ela desempenha um papel crucial na formação de indivíduos conscientes, seguros e capazes de estabelecer relacionamentos saudáveis; ela contribui para a prevenção do abuso sexual infantil, uma vez que capacita as crianças a identificarem situações desconfortáveis, a buscar ajuda e a estabelecer limites em suas interações com outras pessoas. Ao abordar esses temas de forma adequada ao desenvolvimento infantil, estamos promovendo uma visão positiva da sexualidade, baseada no respeito, na igualdade de gênero e na valorização da diversidade. Isso ajuda a desmistificar tabus e a criar um ambiente em que as crianças se sintam à vontade para fazer perguntas, expressar suas preocupações e receber informações confiáveis.

Contudo, será que falar sobre sexualidade pode estimular o interesse em sexo?

Entender a diferença entre sexo e sexualidade é fundamental para compreendermos aspectos distintos relacionados à identidade, ao comportamento e à expressão humana. O termo "sexo" geralmente se refere às características biológicas que distinguem machos de fêmeas, como a anatomia reprodutiva, os cromossomos e as características sexuais secundárias. Tradicionalmente, o sexo é categorizado em masculino e feminino. Por outro lado, "sexualidade", de acordo com a Organização Mundial da Saúde (OMS), é compreendida como uma energia que nos motiva a encontrar amor, contato, ternura e intimidade; que se integra no modo como nos sentimos, movemos, tocamos e somos tocados.

> É um aspecto central do ser humano ao longo da vida; ela engloba sexo, identidades e papéis de gênero, orientação sexual, erotismo, prazer, intimidade e reprodução. A sexualidade é vivida e expressada por meio de pensamentos, fantasias, desejos, crenças, atitudes, valores, comportamentos, práticas, papéis e relacionamentos. Embora a sexualidade possa incluir todas essas dimensões, nem sempre todas elas são vividas ou expressas. (Oliveira, 2020, p. 15)

Essa definição ampla da OMS abrange a complexidade da sexualidade humana, reconhecendo-a como parte integrante da saúde física e mental dos seres humanos. A sexualidade está intrinsecamente ligada às experiências individuais, culturais e sociais, e engloba dimensões psicológicas, emocionais, sociais e culturais que moldam a forma como as pessoas vivenciam sua identidade e expressam sua intimidade, influenciando seu modo de se relacionar consigo e com os outros, enquanto o sexo se refere principalmente a características biológicas. Compreender a diferença entre sexo e sexualidade nos permite reconhecer a complexidade e diversidade das experiências humanas e que uma educação sexual positiva fortalece o vínculo entre pais/mães/cuidadores e crianças, ao estabelecer um diálogo aberto e acolhedor sobre assuntos que muitas vezes são considerados delicados. Dessa forma, colaboramos para o desenvolvimento saudável das crianças em relação à sua sexualidade e ao seu bem-estar emocional.

Nós, adultos, temos um papel fundamental na tentativa de proporcionar a prevenção e a proteção para as crianças e, quando se trata desse assunto, precisamos estar preparados para saber o que fazer diante da suspeita de que uma criança esteja sofrendo abuso sexual, sendo crucial agir com cuidado e responsabilidade. Pais e profissionais precisam estar munidos de informações sobre como atuar nessa situação sensível. Aqui estão cinco passos fundamentais:

1. **Mantenha a calma**: ao suspeitar de abuso sexual infantil, é importante manter a calma e evitar confrontar a criança ou o suspeito.

2. **Escute a criança**: se a criança revelar algo a você, escute atentamente, ofereça apoio e tranquilidade. Evite fazer perguntas sugestivas para que não ocorra a revitimização e reafirme que ela fez a coisa certa ao falar sobre o assunto.

3. **Reporte suspeitas**: entre em contato com as autoridades competentes, como o Conselho Tutelar, a Polícia Civil ou outros órgãos responsáveis pela proteção da infância. Eles poderão investigar a situação de forma adequada. Seu papel é notificar.

4. **Busque ajuda especializada**: encaminhe a criança e sua família para os profissionais especializados em abuso infantil, como psicólogos, assistentes sociais ou centros de apoio à vítima.
5. **Ofereça apoio contínuo**: mantenha-se disponível para oferecer apoio emocional à criança e à família durante todo o processo de intervenção e recuperação.

Cada região pode ter recursos específicos. No entanto, geralmente é possível encontrar suporte em: Centros de Referência Especializados de Assistência Social (CREAS); Delegacias de Proteção à Criança e ao Adolescente, ou o Disque 100;[2] conselhos tutelares; organizações não governamentais dedicadas à proteção da infância; psicólogos e profissionais especializados em abuso infantil.

Esse trabalho em rede poderá oferecer suporte emocional, orientação legal e psicológica, além de encaminhamento para outros serviços especializados. Lembre-se de que agir com prudência, respeito pela criança e busca por ajuda qualificada são passos essenciais ao lidar com suspeitas de abuso sexual infantil.

Chegando ao final deste capítulo, queremos convidá-lo a se comprometer com a proteção das crianças. Apresentamos a você o "Compromisso da Proteção": a hora da Educação Sexual Positiva na prática.

Vamos juntos montar uma Rede de Proteção para uma criança! Você pode já fazer parte dela, e aqui estão quatro passos simples para começar:

1. Hoje, juntamente com a criança, escolha cinco pessoas que fazem parte do convívio de vocês e em quem ela confia (sugestão: pai, mãe, avó, tia, professora, pediatra).
2. Firme na mente da criança com quem ela poderá contar, deixe-a escolher cinco super-heróis de que ela gosta. Dar esses codinomes às pessoas da rede de proteção.
3. Descreva em quais situações ela poderá contar com a ajuda das pessoas que fazem parte da sua rede de proteção, e os sentimentos que poderá ter, como: um toque que machuca, "brincadeirinhas" com as partes íntimas, quando sentir-se com medo ou triste, entre outros exemplos.

2 Disque 100 é um serviço de utilidade pública do Ministério dos Direitos Humanos e da Cidadania, conforme previsto no Decreto n. 10.174, de 13 de dezembro de 2019, destinado a receber demandas relativas a violações de Direitos Humanos, especialmente as que atingem populações em situação de vulnerabilidade social.

4. Lembre a criança de que mesmo as pessoas da rede de proteção não podem fazer "carinho" ou "brincadeirinhas" nas partes íntimas; caso isso aconteça, a criança deverá procurar outra pessoa da rede de proteção e contar o que aconteceu.

A prevenção e o combate ao abuso sexual infantil envolvem a conscientização, a denúncia e a criação de ambientes seguros e acolhedores para as crianças. Hoje você tem a chance de ser o adulto que irá fazer a diferença na vida de uma criança, garantindo a ela o direito de ser criança. A educação sexual positiva é o caminho.

Todo dia é dia de PREVENÇÃO e COMBATE aos crimes de abuso e exploração sexual contra crianças e adolescentes.
(Fortes, 2015)

Missão brincando de proteção

Faça a leitura do QR Code para ter acesso a várias dinâmicas.

Referências

BRASIL. *Estatuto da criança e do adolescente*: Lei federal n. 8.069, de 13 de julho de 1990. Rio de Janeiro: Imprensa Oficial, 2002.

FORTES, C. *Todos contra a pedofilia*. Belo Horizonte: Arraes Editores, 2015. 352p.

FÓRUM BRASILEIRO DE SEGURANÇA PÚBLICA. *18º Anuário Brasileiro de Segurança Pública*, 2024. São Paulo: Fórum Brasileiro de Segurança Pública, 2024. Disponível em: https://publicacoes.forumseguranca.org.br/handle/123456789/253. Acesso em: 12 set. 2024.

LIMA, N. *Curso guia da comunicação magnética*: como falar para seu filho ouvir. Turma 2022.

OLIVEIRA, D. C. de; POLIDORO, M. (coords.). *Saúde sexual, direitos humanos e a lei*. Porto Alegre: UFRGS, 2020.

RIBEIRO, L. R. R. *Certificação Master ESEPAS – Educação Sexual, Emocional e Prevenção ao Abuso Sexual*. Turma 1, 2022.

ROCHA, L. *Como falar sobre sexualidade com as crianças*. Bauru: Astral Cultural, 2024.

SANTOS, B. R. dos. *Guia de referência*: construindo uma cultura de prevenção à violência sexual. São Paulo: Childhood – Instituto WCF – Brasil: Prefeitura da Cidade de São Paulo. Secretaria de Educação, 2009.